보드게임의 쓸모

일러두기

1. 본문에 언급된 단행본은 《 》로, 신문·잡지와 영화 제목은 〈 〉로, 기사 제목과 연구 이론 또는 정책 명 등은 ' '로 구분했습니다.
2. 국내에 번역된 출간물이나 영상물은 한국어판 제목으로 표기했습니다.
3. 독자의 이해를 돕기 위해 필자가 덧붙인 설명은 괄호( ) 안이나 *표 한 뒤 해당 페이지 하단에 표기했습니다.
4. 본문 중 발췌한 내용은 해당 페이지 하단에 참고문헌과 출처를 밝혔습니다.
5. 사진 출처 및 저작권은 사진 아래에 밝혔습니다. 미처 사용 허락을 받지 못한 일부 사진은 확인되는 대로 정식 동의 절차를 밟겠습니다.

세상은 게임을 즐기는 인재를 원한다!

보드게임의 쓸모

최미향 · 나비타놀이교육연구소 지음

NABITA

차례

프롤로그
아이를 알고 나를 알고
더불어 사는 사회와
세상을 이해하는 매개체, 보드게임   10

Chapter 01
보드게임이 뭐길래?

1. 우리는 왜 보드게임을 하고 놀까? 17
피라미드에서도 발견된 보드게임
파라오는 죽어서도 보드게임을 즐겼다?
요즘도 갖고 노는 고대의 보드게임, 백개먼
세계로 퍼져나간 고대 보드게임들
인류는 왜 보드게임을 즐겼을까?

2. 천 년의 인기를 누리는 보드게임 27
킹을 잡으면 이기는 보드게임, 체스
체스가 보여주는 유럽의 역사, 그리고 퀸
또 다른 역사를 담은 보드게임, 장기·샹치·쇼기
체스와 장기의 인기 비결
또 하나의 재미 요소, 모의 체험

3. 놀잇감에서 콘텐츠로 39
산업혁명과 보드게임
20세기 최고의 보드게임, 모노폴리
시대를 관통하는 인간의 욕망을 게임으로
보드게임, 전 세계인이 동시대에 즐기다
보드게임, 헐리우드에 가다! (김기찬 대표, 방정환 이사 인터뷰)

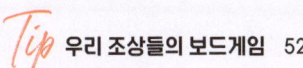 우리 조상들의 보드게임 52

Chapter 02
보드게임의 쓸모

1. 온 가족이 함께 즐기는 놀이, 보드게임　57
　　응답하라, 추억의 보드게임
　　부루마불의 등장 (이영석 실장 인터뷰)
　　영화 한 편보다 보드게임

2. 보드게임은 최고의 소통 수단　64
　　소통을 원하는 세대, 소통할 수밖에 없는 보드게임 (오준원 대표 인터뷰)
　　함께하는 소통의 즐거움 (방정환 이사 인터뷰)
　　코로나와 보드게임 (최정희 대표 인터뷰)
　　외로움의 시대, 보드게임의 쓸모

3. 학습 능력을 향상시키는 보드게임　73
　　보드게임을 향한 힐러리의 믿음
　　수포자도 몰입하게 하는 보드게임
　　보드게임과 전략적 사고
　　학습 능력을 훈련시키는 가장 완벽한 방법, 보드게임

4. 사회성을 키워 주는 보드게임　84
　　똑똑한 그 친구를 꺼리는 이유
　　사회적 지능을 키우는 가장 좋은 방법
　　협업이 중요해진 세상, 필수 능력을 키워 주는 보드게임

Chapter 03
보드게임의 활용

1. 보드게임, 제대로 활용하고 있나요? 93
보드게임 육아에 앞서 부모가 반드시 알아야 할 것
(방정환 이사, 이현희 대표, 오준원 대표 인터뷰)
보드게임을 할 때 부모가 반드시 챙겨야 할 것
(이다랑 대표 인터뷰)

2. 보드게임, 어떻게 활용해야 효과 볼까? 110
표현력을 키워 주는 '공룡은 보석을 좋아해' 112
정서 발달을 돕는 '레이싱카' 118
신체 조절 능력을 키워 주는 '동물 쌓기' 123
감정 조절 능력을 키워 주는 '박스 몬스터' 128
의사소통 능력을 키워 주는 '과수원 까마귀' 135
사회성을 키워 주는 '보물의 섬, 카루바' 140

3. 보드게임으로 공부머리도 키운다 145
어휘력을 키워 주는 '라온' 147
집중력을 키워 주는 '치킨차차' 151
계산 능력을 키워 주는 '할리갈리' 156
수학적 사고력을 키워 주는 '달팽이 경주' 161
공간지각력을 키워 주는 '슈퍼 라이노-슈퍼 배틀' 166
과학적 탐구력을 키워 주는 '리틀 정원사' 171
경제 개념을 경험하는 '시장 나들이' 175

Chapter 04
보드게임의 또 다른 쓸모

1. 신입 사원부터 부장님까지 보드게임 183
게이미피케이션과 보드게임
8시간 강의 들을래, 보드게임 할래? (오준원 대표 인터뷰)
팀빌딩과 보드게임 (엄준희 대표 인터뷰)

2. 할아버지, 할머니도 보드게임 191
고스톱이 치매에 좋다고?
의사도 권하는 보드게임
나는 보드게임 지도사 (손영애 지도사 인터뷰)

3. 보드게임이 직업이 된 사람들 199
보드게임 제작자, 만두게임즈 김기찬 대표
보드게임 전문가, 게임올로지 최정희 대표
한국 대표 보드게임 작가, 김건희
독일 대표 보드게임 작가, 마커스 니키쉬

권말 부록 연령별 추천 보드게임 목록 213

오늘의 아이를

어제처럼 가르치는 것은

아이의 미래를

빼앗는 것이다.

― 존 듀이(철학자)

프롤로그

아이를 알고 나를 알고

더불어 사는 사회와

세상을 이해하는 매개체,

보드게임

아이들은 놀이를 통해 꿈꾸고 상상하는 것을 현실로 만든다고 나는 믿는다. 그 믿음을 뒷받침할 이론과 사례를 담은 《놀이의 쓸모》를 출간한 지도 2년이 다 되어간다. 책이 나오고부터 줄곧 올라오는 독자 후기들을 읽는 것이 어느새 즐거움이 되었다. '내 아이의 놀이에 대한 올곧은 신념을 갖는 계기가 되었다', '자녀 교육서인 줄 알았는데 한 권의 인문 교양서를 읽은 느낌이다', '아이에게 공부해라 대신 같이 놀자는 말을 하게 되었다'라는 후기가 가장 기억에 남는다. 독자들이 바라는 점도 있었는데 그중 가장 많은 요청이 《놀이의 쓸모》 실전 편을 만들어 달라는 것이었다.

고민이 시작됐다. 이 세상에는 놀이와 놀잇감이 너무 많은데 어떤 놀잇감, 어떤 놀이의 실전을 이야기해야 독자들께 가장 도움이 될까? 그때, 코로나19로 일상을 잃어버린 지난 2년 동안 우리 삶에 가장 가깝게 깊숙이 들어온 놀잇감이 떠올랐다. 우리가 어려서도 가지고 놀았지만, 젊은 시절 친구들과 함께 즐거운 시간을 보내기도 했던 놀이, 아이를 낳고 키우면서는 아이를 위해 한두 개쯤은 사게 되는 놀잇감, 바로 '보드게임'이다.《놀이의 쓸모》의 첫 번째 실전 편으로 주저 없이《보드게임의 쓸모》를 펴내게 되었다.

《보드게임의 쓸모》역시《놀이의 쓸모》처럼, 전통적인 자녀 교육서와는 다소 거리가 있을 것이다. 사람들이 보드게임을 언제부터 가지고 놀았는지 또 왜 가지고 놀았는지를 알려면, 고대 이집트보다 더 오래전으로 거슬러 올라가야 한다. 인기 있는 보드게임이 어떻게 탄생했는지를 살펴보려면, 인간의 내면과 우리가 사는 사회의 속성을 들여다봐야 한다. 보드게임을 어떻게 활용하면 효과적인지를 알기 위해서는, 보드게임 산업과 교육에서 일하는 전문가들의 이야기를 들어 봐야 한다. 이를 위해 지난 1년 동안 국내외 보드게임 관련 자료를 모으고, 보드게임 대표 기업 CEO와 개발자들을 만나 그들의 경험과 생각을 경청했다.

그래서 이 책은 독자들에게 때로는 재미있는 역사책, 때로는 흥미로운 인문서, 때로는 생생한 인터뷰 기사를 읽는 듯한 느낌을 줄 것이다. 이 책을 읽다 보면 아이 교육뿐 아니라 나 자신과 아이 그리고 사람과 우리 사회에 대한 이해의 폭이 더욱 넓어지는 계기도 될 것이다. 또한 보드게임은 우리의 현실을 작게 줄인 하나의 모의 체험장으로, 내 아이를 알고 나를 알고 사회와 세상을 이해하게 해 줄 수 있는 매개체임을 깨닫게 될 것이다. 아울러 보드게임의 쓸모를 이해하고, 일상에서 활용할 수 있게 될 것이다.

마지막으로, 인터뷰에 응해 주시고 영업 기밀이라 해도 될만한 알찬 이야기들을 가감 없이 들려주신 보드게임 관련 업계 CEO와 개발자들, 그리고 교육자들께 다시 한번 감사의 인사를 전하며 보드게임의 쓸모에 대한 이야기를 시작하려 한다.

보드게임 하기 좋은 날,
최미향 · 나비타놀이교육연구소

Chapter
01

보드게임이 뭐길래?

성숙이란 어릴 때 놀이에 열중하던
진지함을 다시 발견하는 데 있다.
―프리드리히 니체(철학자)

1.
우리는 왜 보드게임을 하고 놀까?

 보드게임은 보드board와 말, 주사위, 카드 등의 구성품을 가지고 진행하는 놀이를 이른다. 하지만 공기나 카드처럼 보드가 없는 게임들도 보드게임이다. 이때는 공기나 카드를 놓는 바닥 혹은 테이블 등이 보드가 된다. 그래서 보드게임을 '테이블탑게임'이라고 부르기도 한다.

이처럼 보드게임에는 보드가 있을 수도 있고 없을 수도 있다. 하지만 모든 보드게임에는 반드시 있어야 할 게 있다. 바로 '규칙'과 '승패'다. 이쯤 되면 궁금증 하나는 풀렸을 것이다. 이 두 가지 요소 때문에 우리는 '보드 놀이'라고 하지 않고 '보드게임'이라고 한다.

피라미드에서도
발견된 보드게임

아이를 키우는 집이면 서너 개쯤은 다 갖고 있고, 어릴 때나 성인이 돼서도 친구들과 어울릴 때면 종종 가지고 놀았기에 우리는 보드게임에 익숙하다. 그런데 인간이 언제부터 보드게임을 하기 시작했는지를 아는 사람은 많지 않다. 인간은 언제부터 왜 보드게임을 하고 놀았을까?

보드게임의 형태나 내용으로 봐서는 현대에 들어와 생겨난 게임이라고 생각하기 쉽다. 하지만 인류가 보드게임을 만들어서 놀기 시작한 것은 적어도 5000년은 훌쩍 넘는다.

고대 이집트인들이 5000여 년 전부터 '세네트Senet'라는 보드게임을 하고 놀았다고 전해진다. 세네트는 피라미드는 물론 왕가의 계곡 등 이집트의 여러 고분에서 발견되었다. 또 이집트인들은 세네트를 두는 모습을 벽화로 남겼고, 게임 방법까지도 기록해 두었다. 이집트 신화 속 지혜의 신 토트와 달의 신 콘수가 벌였던 신들의 게임이 바로 이 세네트였다.

파라오는 죽어서도
보드게임을 즐겼다?

잘 알려졌다시피, 고대인들은 죽은 뒤에도 삶이 이어진다고 믿었다. 고대 이집트인들도 그랬다. 그래서 피라미드와 같은 거대한 파라오(고대 이집트의 왕)의 무덤을 건설하고, 그 안에는 파라오가 죽은 뒤에 쓸 수 있는 물건들을 넣어두었다. 그 가운데 세네트도 있었다.

고대 이집트인들은 왜 세네트를 무덤에 넣었을까? 그들의 사후 세계관과 관련이 깊다. 고대 이집트인들은 죽은 사람의 영혼이 사후 세계에서 여러 관문을 거친다고 여겼다. 그리고 그 관문을 모두 통과하면 최고의 신인 태양신(라)과 함께 배를 타고 천상을

★ **이집트의 무덤에서 발견된 보드게임 세네트와 세네트를 두는 벽화**

세네트는 게임 방법과 규칙이 알려진 보드게임 중 가장 오래된 게임이다. 약 5000~2500년 전까지, 고대 이집트에서는 왕족은 물론, 남녀노소를 불문하고 세네트를 즐겼다고 한다. 세네트는 '세니'라는 말에서 유래됐는데, 이는 '통과한다'라는 뜻이라고 한다.

여행하는 자유를 얻을 수 있다고 믿었다.

　세네트는 바로 이 믿음을 형상화한 게임이었다. 세네트는 4개의 작은 막대기나 주사위를 던져 나온 수만큼 말을 이동해서 자기 말 모두를 말판Board에서 빠져나오도록 하는 2인용 게임이다. 작은 막대기나 주사위를 던져 나온 눈금 수에 의해 상대편 말을 잡거나 내 말이 잡힐 수 있다. 또 말판에는 생명의 집, 물의 집, 호루스의 집 등 특별한 칸이 있는데 이 칸을 적절하게 이용해서 승리할 수도 있다. 상대와 작은 막대기나 주사위를 던져 나온 눈금의 수, 특별한 칸 등이 변수가 되는 것이다. 이 변수가 바로 사후 세계의 관문을 상징하는 것이고, 변수를 이겨내면 자유를 얻을 수 있다.

　세네트는 단순한 놀이나 게임이 아니었다. 고대 이집트인들에게 세네트를 두는 것은 '재미있는 놀이를 하는 것'이었을 뿐만 아니라, '태양신 라와 함께 천상을 여행할 수 있는 자유를 얻기 위한 예행연습'이었다.

요즘도 갖고 노는
고대의 보드게임, 백개먼

고대 이집트에서 세네트가 유행할 즈음, 지금의 이라크와 이란 지역인 메소포타미아에서는 '백개먼Backgammom'이 유행이었다. 백

★ **백개먼**
고대의 게임이 현대에도 보드게임으로 출시되어, 지금도 우리나라는 물론 세계 여러 나라에서 즐기고 있다.

★ **우르의 게임**
세네트나 백개먼보다 늦은 시기인 기원전 2600년경 유행했다고 한다. 고대 수메르의 도시 우르의 왕족 무덤에서 발견됐다.

개먼은 세네트와 비슷하다. 주사위를 던져 말을 움직여서, 목적지까지 빨리 가는 쪽이 승리하는 2인용 게임이다. 다만 2개의 주사위를 던진다는 점이 세네트와 다르다.

또 백개먼은 세네트에 비해, 보다 전략적이라고 할 수 있다. 말을 움직이는 것은 운, 즉 전적으로 주사위를 던져 나오는 수에 의해 결정되지만, 승리는 전략, 즉 자기 말을 어떻게 움직이는가에 달려 있기 때문이다.

메소포타미아에서는 또 '우르의 게임'이 인기를 끌었다고 한다. 우르의 게임은 '왕족의 게임'으로 알려졌지만, 실제로는 평민들도 즐기는 게임이었다. 이 역시 세네트처럼 작은 막대기나 주사위를 굴려 말을 움직여 경쟁하는 방식이었다.

세계로 퍼져나간
고대 보드게임들

세네트와 백개먼은 전 세계로 퍼져나갔다. 백개먼은 서쪽으로 전파되어 고대 로마에서는 '12줄 놀이'로 이어졌다. 동로마 제국에 속했던 지중해 동쪽 지역에서는 지금도 백개먼의 인기가 높다. 동쪽으로는 인도, 중국을 거쳐 우리나라에까지 상륙한 것으로 보인다. 바로 '쌍륙'이라는 우리나라 전통 보드게임이 그것이다. 쌍륙은 고려 시대부터 유행한 것으로 보이는데, 남성들은 물론

★ **신윤복의 풍속도에도 등장하는 쌍륙**

조선 시대 3대 풍속화가 중 한 사람인 신윤복의 '쌍륙삼매'에는 쌍륙을 즐기는 사람과 쌍륙판, 기물 등이 잘 표현되어 있다.

★ **파톨리**

아스텍인들의 보드게임으로 세네트나 백개먼보다 늦은 시기인 기원전 2600년경 유행했다고 한다.

여성들도 즐겼다고 한다. 지금도 즐겨 하는 '윷놀이' 역시 세네트나 백개먼 계열의 보드게임이라고 볼 수 있다.

그런데 이런 형식의 보드게임이 태평양을 건너, 오늘날의 멕시코 지역에서 살았던 아스텍인들의 유물에서도 발견되고 있다. '파톨리'라는 게임인데, 이 게임 역시 주사위를 던져 말을 움직이는 형식이다. 아스텍인들뿐만 아니라, 많은 아메리카 인디언이 파톨리와 유사한 보드게임을 하고 놀았다고 한다.

세네트나 백개먼과 같은 보드게임들이 구대륙에서 신대륙으로 전파된 것인지, 아니면 아메리카에서 자생적으로 발생한 것인지를 두고는 학자들의 의견이 분분하다. 하지만 분명한 것은 다른 장소, 다른 시대, 다른 문화를 가진 사람들이 비슷한 구조의 보드게임을 하고 놀았다는 점이다.

인류는 왜 보드게임을 즐겼을까?

게임의 가장 큰 특징은 승패가 있다는 점이다. 인류가 아주 오래전부터 보드게임을 하고 논 이유를 게임의 특성에서 찾아볼 수 있다.

승패가 걸린 상황을 떠올려 보면 금세 이해가 간다. 게임을 할 때 특별한 경우가 아니라면 누구나 이기려고 할 것이다. 승자에게 보상이 따를 때는 말할 것도 없고, 특별한 보상이 없어도 지는 걸 좋아하는 사람은 없다.

승패가 걸린 게임에는 당연히 재미가 뒤따른다. 승리했을 때는 승자의 쾌감을 느끼고, 그 쾌감을 느끼기 위해 게임 참여자는 최선을 다한다. 그리고 그 최선의 크기만큼 승리의 쾌감도 커진다. 하지만 졌다고 해서, 피해를 보는 것은 아니다. 게임은 실제가 아니라 '모의'의 성격을 가지고 있기 때문이다. 그래서 게임

★ **고대 로마의 직육면체 주사위**
고대 로마 시대 주사위 가운데 10개 중 9개는 직육면체다. 직육면체 특성상 특정 숫자가 많이 나왔는데, 아무도 이의를 제기하지 않았다고 한다. 당시 사람들은 자신이 원하는 숫자는 신이 허락할 때 나온다고 믿었기 때문이다.

에서 진 사람은 언제든 다시 게임을 할 수 있다. 졌을 때의 불편한 기분 혹은 질지도 모른다는 불안감을 극복할 마음만 있으면, 언제든 게임을 하고 즐길 수 있다.

게다가 보드게임은 스토리까지 넣을 수 있었다. 앞서 언급한 세네트의 사후 세계관 스토리처럼. 또한 주사위를 통해 자신의 운을 시험해 볼 수도 있었고, 말을 움직이는 과정에서 지적 능력도 뽐낼 수도 있었다.

보드게임은 게임이라는 형식을 통해 재미를 주고, 모의라는 특성으로 그 재미를 거듭 느낄 수 있는 상황을 마련한다. 그리고 게임에 따라서는 스토리를 부여하거나, 운을 점치거나 지적 능력을 뽐낼 기회도 제공한다. 고대인들의 놀이 가운데, 이렇게 다양한 재미를 줄 수 있는 놀이가 또 있었을까?

2.
천 년의 인기를 누리는 보드게임

　〈오징어게임〉 이전 넷플릭스에서 가장 오래 시청 순위 1위를 기록한 히트작은 〈퀸스 갬빗〉이다. 이 드라마는 보드게임인 '체스'가 소재이며 제목 역시 체스에서 말을 움직이는 초반의 수 가운데 하나인 퀸스 갬빗Queen's Gambit에서 따왔다.

　체스에 문외한이라면 이 드라마를 보고 '체스 두는 사람이 저렇게 많아?'하고 놀랐을 게다. 〈해리포터와 마법사의 돌〉에도 나오듯이 9살짜리 아이들도 체스를 둘만큼, 특히 서양에서 체스는 매우 대중적인 보드게임이다. 또한 수억에서 수십억 원의 상금을 건 세계 대회들이 해마다 열릴 정도로, 체스는 프로 스포츠에 버금가는 인기를 끌고 있다.

킹을 잡으면
이기는 보드게임, 체스

1000년 전부터 두었던 체스가 오늘까지 인기를 끄는 비결은 무엇일까?

체스는 8×8의 체스판 위에서 킹과 퀸, 나이트와 룩, 비숍, 폰 등 6종류의 말을 움직여 상대의 킹을 잡으면 이기는 보드게임이다. 판 위에서 말을 이동시키는 형식이라는 점에서, 앞서 언급한 고대의 보드게임들과 유사하다. 그러나 결정적으로 다른 점이 하나 있다.

체스에는 주사위가 없다. 이는 운이 작용하지 않는다는 의미다. 체스는 전략만으로 겨루는 보드게임이다. 대신 체스에는 세네트나 백개먼은 가지고 있지 않는 독특한 콘텐츠가 있다. 체스 안에는 유럽의 역사가 있다.

체스에서 가장 강력한 말은 퀸이다. 다른 말들은 진행할 수 있는 방향이나 칸의 수가 정해져 있지만, 퀸은 전후좌우는 물론 대각선으로까지 원하는 만큼 이동할 수 있기 때문이다. 그래서 체스에서 말의 가치를 점수로 매기면 폰은 1, 나이트나 비숍은 3, 룩은 5인데 퀸은 9로 평가된다. 웬만한 말 2~3개를 합친 것보다 높다. 그런데 왜 체스에서는 이렇게 퀸의 가치가 높을까?

★ 체스판과 말

킹 : 가로세로 대각선으로 한 칸씩 이동
퀸 : 가로세로 대각선으로 원하는 만큼 이동
룩 : 가로세로 방향으로 원하는 만큼 이동
비숍 : 같은 색의 대각선으로 원하는 만큼 이동
나이트 : 앞으로 한 칸, 대각선으로 한 칸 이동
폰 : 앞으로만 한 칸 이동 (단, 처음에는 2칸 이동)

★ 차투랑가

6세기경, 인도의 굽타 왕조 시대부터 시작된 보드게임이다. 2인 혹은 4인이 할 수 있었다고 하는데, 정확한 규칙은 문헌마다 다르다.

체스가 보여주는
유럽의 역사, 그리고 퀸

체스는 6세기경 인도에서 즐겼던 보드게임인 '차투랑가'에서 비롯되었는데, 이것이 아랍을 거쳐 유럽으로 들어와 체스로 발전했다.

그 뒤 체스는 유럽 전역에서 유행했는데, 르네상스 시대 이후부터 오늘날과 같은 형태를 띠게 되었다고 한다. 그때부터 퀸이 지금과 같은 강력한 말이 된 것이다.

퀸의 힘이 강력해진 것은 당시 유럽의 상황과 관련이 깊다. 15세기 후반, 에스파냐는 유럽에서 가장 강력한 국가로 떠올랐다. 콜럼버스의 대항해를 후원한 덕에, 신대륙 아메리카로부터 엄청난 양의 은을 들여와 막대한 부를 축적했을 뿐만 아니라, 그라나다를 장악하고 있던 이슬람 세력과의 전쟁에서 승리해 유럽 전역을 완전히 기독교화했다. 당시 에스파냐는 아라곤의 페르난도 2세와 카스티야의 이사벨 1세가 공동 군주로서 국가를 운영하고 있었는데, 앞서 열거한 업적을 이룬 이가 바로 이사벨 1세였다.

그 뒤 영국의 엘리자베스 1세가 등장한다. 엘리자베스 1세는 에스파냐의 무적함대를 격파하고, 유럽 최강국의 지위를 빼앗았다. 그리고 영국을 '해가 지지 않은 나라'로 우뚝 세운다.

유럽 사람들은 100여 년 동안, 강력한 여왕들의 통치 아래서, 최강의 국가로 우뚝 서며 세계를 호령하는 두 나라를 목격했다. 체스에서 퀸이 막강한 전투력을 갖게 된 것이 바로 이즈음이었다.

누가 이런 룰을 만들었는지는 알 수 없다. 하지만 여왕들로서는 이를 마다할 리 있을까? 체스를 할 때마다, 플레이어들이 여왕의 권위를 떠올릴 테니 말이다.

플레이어 입장에서도 이러한 룰을 굳이 바꾸려 하지 않았다. 여왕들의 눈에 날 일을 만들 필요가 없을 뿐만 아니라, 현실과 게임이 비슷해 훨씬 더 생동감 있게 게임을 즐길 수 있었기 때문이었다.

★ **이사벨 1세(왼쪽)와 엘리자베스 1세**
이사벨 1세(1451년~1504년)와 엘리자베스 1세(1533년~1603년)는 16세기를 '여왕의 시대'로 만들었다. 체스의 강력한 퀸은 바로 여왕의 시대 때 만들어졌다.

100여 년 동안 굳어진 룰은 그 뒤로도 지속되었다. 그리고 19세기 유럽에 다시 한번 최고의 여왕이 등장한다. 영국의 빅토리아 여왕이다. 빅토리아 여왕 시대에 영국은 대영제국이 되었다. 유럽에서 아메리카, 아시아와 아프리카까지, 여왕의 백성이 없는 곳이 없었다. 당연히 체스의 룰도 바뀔 이유가 없었다.

또 다른 역사를 담은 보드게임,
장기·상치·쇼기

인도의 차투랑가는 동쪽으로도 영향을 미쳤다. 동남아시아에서 중국을 통해 우리나라와 일본까지 전해졌다. 체스와 마찬가지로 장기, 상치, 쇼기 역시 역사가 깊고 지금도 여전히 인기 있는 보드게임이다.

체스에서 킹의 지근거리에 퀸이 있다면, '장기將棋'에는 사士가 있다. 사는 선비, 벼슬, 섬기다라는 뜻을 가진 한자로, 왕 옆을 지키는 벼슬아치들을 뜻한다. 고려나 조선 시대를 배경으로 한 사극에서 항상 왕의 옆에 신하들이 있듯이 말이다.

중국 장기는 '상치象棋'라고 하는데, 우리나라의 장기와 비슷한 듯 다르다.

상치에는 중국을 남북으로 나누고 있는 장강長江을 장기판으로 옮겨왔다. 또한 장기는 왕이 각각 초楚와 한漢으로, 2000여 년

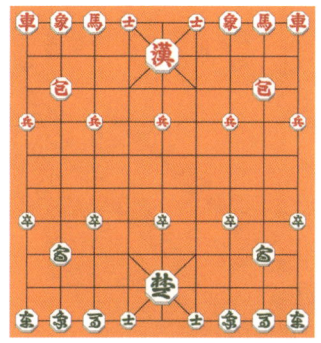 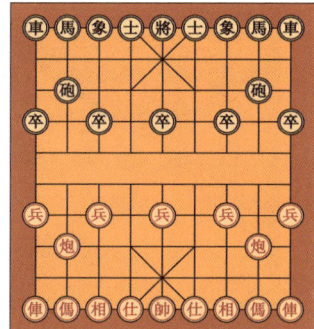

★ **우리나라의 장기(왼쪽)와 중국의 샹치**
두 보드게임은 '장강'의 유무로 한눈에 구별된다. 하지만 말을 움직이는 기법은 거의 같다.

전 중국 대륙을 두고 항우가 이끄는 초나라와 유방이 이끄는 한나라의 전쟁을 보드게임으로 옮긴 모양새인 데 반해, 샹치에서 왕은 장將과 수帥다. 특정한 전쟁이 아니라, 일반적인 전쟁의 모양새다.

한편 일본 장기는 '쇼기將棋'라고 하는데, 겉모습도 좀 다르고 특히 룰이 장기나 샹치와는 완전히 다른 게임처럼 보인다. 쇼기는 체스처럼 선이 아닌 면에 말을 둔다. 더욱 특징적인 것은 상대 말을 잡아 자기 말로 쓸 수 있고, 왕장·금장·은장 등 서열이 다른 장수가 여럿 있다. 여기서 오랜 막부 시대를 거치며 이룩된 일본의 독특한 전쟁 혹은 군대 문화를 엿볼 수 있다.

체스가 서양에서 통일된 게임으로 발전한 데 비해, 동양에서

★ 일본의 장기, 쇼기

장기는 나라마다 독특하게 발전했다. 이는 서양에서는 나라와 민족의 역사가 서로 얽히고설킨 데 반해, 동양의 역사와 문화는 각각의 나라가 보다 독립적으로 발전해왔기 때문이 아닐까 한다.

체스와 장기의 인기 비결

주사위를 없앰으로써 운의 작용을 없앤 체스와 장기가 지금까지 사랑받는 이유는 무엇일까? 우리는 그 이유를 '역사에 기초한 스토리의 힘'에서 찾았다. 앞에서 살펴봤듯이 체스와 장기는 각 나라나 지역의 역사적, 지리적, 문화적 특성과 차이에 맞게 재창작된 게임이다. 이러한 재창작은 플레이어들이 게임에 더욱 몰입할 수 있게 해 주었다.

나이트를 움직여 퀸이 나갈 길을 터주는 체스 플레이어를 예로 들어 보자. 이사벨 1세나 엘리자베스 1세를 아는 사람이라면, 나이트를 움직이며 자신이 여왕의 기사가 된 듯한 착각에 빠지는 스토리를 상상하며 플레이할 수 있다. 그러면 플레이어는 게임이 바로 내 이야기가 되고 내가 처한 상황이 되기에 더욱 게임에 몰입하게 된다. 장기에서 초가 한의 말들에게 둘러싸였을 때를 상상해 보자. 〈패왕별희霸王別姬〉*의 한 장면을 떠올릴 수 있는 플레이어라면, 더욱 게임에 몰입할 수 있게 되고 몰입한 만큼 게임은 더 재미있어진다. 이렇게 몰입해서 즐기다 보면, 게임은 게임을 넘어선다.

---

* 초나라가 한나라 군에 포위된 상황에서, 초패왕 항우와 그의 연인 우미인의 마지막 순간을 담은 애절한 사랑 이야기. 중국의 전통 연극인 경극은 물론, 장국영 주연의 영화 〈패왕별희〉로도 유명하다.

결국 게임과 현실이 연결된다. 그 예는 너무 쉽게 찾을 수 있다. 체스를 두다 보면, 킹을 보호하기 위해 퀸을 희생해야 할 때가 있다. 장기를 두다 보면 상대에게 줘도 그만이라고 생각했던 졸※이 상대의 왕을 먹는 순간이 있다. 우리의 삶에서도 마찬가지다. 살다 보면 더 큰 것을 얻기 위해 아까운 것을 포기해야 할 때가 있다. 또 보잘것없었던 것이 뜻하지 않은 기쁨을 주는 경우도 있다. 장기나 체스에서의 일이 삶에서 일어나고, 반대의 경우도 생긴다.

그래서 사람들은 장기나 체스를 두면서 살아가는 데 필요한 지혜와 교훈을 얻을 수 있다고 여겼다. 단순히 즐기는 게임이 아닌 훈련과 교육의 도구*로도 가치를 두었던 것이다.

또 하나의 재미 요소, 모의 체험

사람들이 보드게임을 하는 가장 큰 이유는 재미를 얻기 위함이다. 재미를 배가시키는 방법에는 여러 가지가 있는데 그중 하나가 앞서 언급한 스토리 부여이고 그를 통한 몰입도를 높이는 것

---

* 데이비드 솅크(David Shenk)는 자신의 저서 《불멸의 게임(The Immortal Game)》,에서 '체스는 다른 사람을 가르치거나 전략 전술을 짜는 데 도움이 되었고, 칠판이나 책, 전보보다 더 오래된 교육 도구'라고 했다.

★ **체스를 두는 무슬렘과 유대인(11세기, 스페인)**
모의 전쟁이라는 속성은 인간을 재미에 빠지게 하는 중요한 요소다. 차투랑가가 동양이나 서양으로 퍼져나갈 때 모의 전쟁이란 속성만은 변하지 않은 것도 이 때문이다. 그리고 바로 이 속성 때문에, 무슬렘과 유대인이 마주 앉아 체스를 둘 수 있었다.

이다. 그런데 체스와 장기가 가진 스토리 말고도 게임의 재미를 배가시키는 요소가 하나 더 있다. 바로 체스와 장기가 모의 전쟁이라는 점이다.

재미는 걸린 것 혹은 걸렸다고 생각하는 것을 크게 해서 배가시킬 수도 있다. 걸린 것이 커지면 몰입도와 자극이 커지고, 그로 인해 느껴지는 재미도 커지기 마련이다. 상금이 10만 원인 대회와 100만 원인 대회의 몰입도와 그 결과는 현저하게 다를 것이 뻔하다.

하물며 전쟁이다. 전쟁은 모든 것을 거는 게임이다. 개인의 재산은 물론 목숨과 나라의 운명까지 거는 승부다. 따라서 그 어떤 게임보다 이겼을 때의 승리감과 졌을 때의 패배감이 클 수밖에 없고, 그 크기만큼 재미는 배가될 수밖에 없다. 결국 체스와 장기는 재미있어서 오랫동안 사랑받아 왔으며 앞으로도 그럴 것이다.

3.
놀잇감에서
콘텐츠로

보드게임은 언제 대중화가 됐을까? 인쇄술의 발달로, 다양한 주제와 형식의 보드게임이 만들어지기 시작한 19세기 이후부터다. 그리고 1930년대, 그 유명한 '모노폴리'가 등장했다.

1935년 발매되기 시작한 모노폴리는 지금도 널리 사랑받고 있다. 다양한 언어와 다양한 버전으로 판매되었고, 세계에서 가장 많이 팔린 보드게임으로 꼽힌다. 이후 다양한 내용과 형식의 보드게임이 등장했고 '루미큐브', '젠가', '카탄'과 같은 보드게임은 세계적인 베스트셀러가 되었다. 동시대에 전 세계인이 즐기는 보드게임들이 속속 등장했다.

산업혁명과
보드게임

유럽에서는 18세기 산업혁명으로 경제, 사회, 정치 모든 분야에서 혁명적인 변화가 일어났다. 산업혁명은 자본주의의 급속한 성장을 가져왔으며, 식민지를 확보하기 위한 경쟁은 유럽 사람들의 시야를 세계로 넓혔다. 한편으로는 자유와 평등이라는 새로운 가치가 널리 퍼져나갔다.

세상이 빠르게 변하는 만큼, 사람들이 알아야 하고 배워야 할 것도 늘어났다. 우선 문자를 읽고 쓸 수 있어야 했고, 동물원이나 식물원에 어떤 새로운 생물이 있는지, 또 자기 나라가 어느 곳에 식민지를 두었는지 정도는 알아야 했다. 투표권을 가진 시민으로서 기초적인 에티켓도 필요했다.

이때 사람들을 가르치기 위한 목적으로 만든 보드게임이 등장하기 시작했다. 대표적인 것이 '뱀주사위놀이' 혹은 '뱀사다리놀이snakes and ladders'라 불리는 보드게임이다. 이 게임은 원래 인도에서 기원한 것으로, 주사위를 던져 그 수만큼 말을 이동하는 형식이었다. 말이 닿은 곳에 사다리가 있으면 한꺼번에 많은 칸을 전진할 수 있고 뱀이 있으면 그동안의 전진이 물거품이 될 수도 있었다. 이러한 룰에 교육적인 내용을 접목해 새로운 보드게임을 만들었다.

19세기 후반에 들어서서는 인쇄 기술의 발달 덕에 세련되고

★ **19세기 영국에서 출판된 보드게임_세계의 불가사의** The Wonders of the World

《Georgian and Victorian Board games》에 실린 영국 빅토리아 시대의 보드게임. 인쇄술의 발달로, 유럽에서는 19세기에도 이처럼 아름답고 세련된 보드게임을 만들 수 있었다. 세계의 불가사의라는 제목에서 알 수 있듯이 플레이어들은 게임을 하면서 동시에 세상에 대한 상식을 넓힐 수 있었다.

현란한 인쇄물의 대량 생산이 가능해졌다. 덕분에 보드게임이 하나의 산업으로 자리매김할 수 있는 기반이 마련됐다.

20세기 최고의 보드게임, 모노폴리

19세기 후반부터 보드게임이 대중화되고 다양해졌지만, 장기나 체스와 같이 오래도록 많은 사람에게 사랑받는 게임은 쉽게 등장하지 않았다.

20세기에 들어서야, 대형 히트작이 탄생하는데 바로 모노폴리다. 모노폴리는 2~8명이 하는 보드게임으로 판과 주사위, 가짜 지폐와 여러 종류의 카드와 말, 그리고 주택, 빌딩 등 여러 형태의 부동산 모형으로 이루어져 있다. 이러한 구성품을 이용해 플레이어들은 특정한 도시나 거리에 땅을 사고 건물을 짓는다. 이를 위해 은행에 돈을 지급해야 하지만 반대로 임대료 수익을 챙길 수도 있다. 또 상대와 협상을 통해 재산을 불리거나 반대의 경우도 생기게 된다. 그 결과 어떤 플레이어는 돈을 잃고 어떤 플레이어는 백만장자가 된다. 모노폴리는 한 마디로 부동산 투자 게임 혹은 백만장자 되기 게임이다.

모노폴리가 세상에 나온 것은 1935년이었다. 하지만 모노폴리와 유사한 형태의 게임은 이미 1904년경부터 있었다. 미국의 리지 매기Lizzie Magie가 부동산을 소유한 사람이 토지를 이용해 어떻게 부자가 되는지를 보여주는 '건물주 게임The Landlord's Game'을 만들어 특허까지 얻었다. 리지는 이 게임을 미국의 경제학자 헨리 조지Henry George*의 이론에 근거해 만들었다고 하는데, 당시 대학생들은 이 게임을 조금씩 응용해서 자기들만의 게임으로 만들어 즐겼다고 한다.

1935년 찰스 대로우Charles Darrow가 게임의 규칙을 정리하고, 게임 이름도 미국 뉴저지 애틀랜틱시티에 있는 리조트에서 따와 모노폴리라는 게임으로 제작했다. 초판 5,000부를 찍어 필라델피아의 백화점에서 판매했는데 결과는 대박이었다.

시대를 관통하는
인간의 욕망을 게임으로

모노폴리가 크게 유행하기 시작할 때는 대공황 시기였다. 대공황은 1929년 미국 뉴욕 월가의 주식이 폭락하며 시작되었다. 주식은 휴지 조각이 되고 공장은 파산했다. 1932년까지 미국 노동자

---

* 헨리 조지(1839. 9. 2.~1897. 10. 29.) 미국의 정치·경제학자. 단일세인 토지가치세의 주창자로 많은 경제학자들에게 영향을 미쳐 오늘날까지도 그 영향력이 이어지고 있다. 그의 저서 《진보와 빈곤》은 경제학에 관심 있는 이라면 한번쯤은 읽어야 하는 스테디셀러이다.

의 1/4이 직장을 잃었다. 미국의 대공황은 곧 유럽으로 퍼져 유럽에도 수백만의 실업자가 생겼으며, 세계 무역의 총가치는 반토막이 났다.

모노폴리가 히트하기 시작한 것이 바로 이때다. 왜 하필 대공황 시대에, 모노폴리와 같은 부동산에 투자해서 백만장자가 되는 게임이 인기를 끌었을까?

비결은 공감에 있었다. 당시 사람들은 모노폴리를 통해 자신의 욕망을 표출할 수 있었다. 매일 보는 파산과 실직, 그로 인한 경제적 어려움이 극에 달하면 달할수록, 내 땅을 갖고 싶은 욕망, 부자가 되고 싶은 욕망 역시 극에 달한다. 모노폴리는 이런 대중의 욕망 표출 창구였다. 현실은 고단했고 내일은 암담했지만, 모노폴리를 가지고 놀며 고단함과 암담함을 떨쳐버릴 수 있었다. 현실은 파산한 빚쟁이지만 게임에서는 엄청난 부동산을 소유한 부자가 될 수도 있었다. 이 시대에, 이보다 더 많은 사람이 공감할 수 있는 재미가 또 있었을까?

지금도 1930년대와 크게 다르지 않다. 미국뿐 아니라 전 세계에서 끊임없이 백만장자가 탄생하기도 하고, 큰돈을 잃거나 파산하는 사람도 속출한다. 그 가운데 대부분 사람은 부자가 되고 싶어 하고 대박을 꿈꾼다. 그리고 그 방법을 찾는다.

모노폴리에서도 그렇다. 현실과 비슷한 보드게임의 세계는 사람들을 더욱 몰입하게 하고, 현실과 게임의 세계로 오가게 한다.

★ 모노폴리 게임 방법

플레이어들은 일정한 금액의 가짜 지폐를 나누어 갖고 순서를 정해 주사위를 던져 말을 판에서 움직인다. 판은 40개 칸으로 나뉘어 있는데, 대부분 칸에는 도시의 이름이 적혀 있다. 내 말이 도시 칸에 서면 은행에 돈을 내고 그 도시에 집, 빌딩 등의 건물을 지을 수 있다. 그러다 다른 사람이 건물을 지은 도시에 내 말이 멈추면, 그 도시의 집, 빌딩 등에 대한 임대료를 지급해야 한다.

플레이어들은 이 규칙대로 주사위를 던지며 말을 움직이고, 그에 따라 은행에 돈을 지급하기도 하고, 반대로 상대에게 임대료를 받기도 한다. 칸에는 도시 이름 외에도 복권 당첨, 황금열쇠 등이 적혀 있다. 이에 따라서도 은행에서 돈을 받거나 반대로 지출하기도 한다. 그러다 보면 어떤 플레이어는 돈을 모두 잃어 파산하고, 반대로 어떤 플레이어는 돈을 엄청나게 벌기도 한다.

게임의 승패 룰은 정해진 시간 안에 돈을 가장 많이 번 사람이 승리하기로 할 수도 있고, 모두를 파산시킨 플레이어가 승리하기로 정할 수도 있다.

이것이 바로 모노폴리가 여전히, 그리고 전 세계에서 인기를 끄는 비결이다. 그 결과 모노폴리는 지난 80여 년간 103개국에서 37개의 언어로 제작되었고, 2억 세트 이상이 판매되었다.

보드게임,
전 세계인이 동시대에 즐기다

모노폴리 이후, 전 세계적으로 인기를 끈 보드게임들이 속속 탄생했다. '루미큐브', '우노'와 같이 기존의 게임을 응용한 게임이나 '젠가', '할리갈리'와 같이 남녀노소 함께 즐길 수 있는 보드게임

★ **카탄**

1995년 출시된 이 보드게임은 30개 언어로 번역되어 2,200만 개가 팔렸다. 카탄이라는 무인도에 정착해서 자신의 영역을 넓혀 진정한 주인공이 되는 스토리를 가진 게임이다.

도 있었다. '클루'나 '카탄'처럼 테마나 스토리를 전개해 갈 수 있는 보드게임도 사람들을 사로잡았다.

다양한 보드게임이 동시에 유행했다. 이에 따라 재미도 다양해졌다. 승패와 욕구 분출을 통한 단순한 재미부터 스토리텔링, 협상, 신체 활용 등을 통한 재미까지. 다양한 재미는 다양한 상품 개발로 선순환이 이뤄져, 오늘날과 같이 보드게임 개발과 출판, 유통을 전문으로 하는 회사들이 속속 생겨났다.

보드게임,
헐리우드에 가다!

보드게임은 영화의 소재로도 쓰였다. 클루는 1985년 파라마운트 영화사에서 제작한 동명의 영화 〈클루〉의 소재이자 테마가 되었다.

영화 〈주만지〉는 '주만지'라는 보드게임을 발견한 주인공들이 게임을 하는 것으로 시작된다. 보드게임이 그만큼 보편적이고, 인기를 끌고 있기 때문에 가능한 설정이다. 이 영화는 보드게임에서 일어나는 일이 실제로 일어난다는 설정을 통해, 보드게임을 통해 느낄 수 있는 재미가 어떤 것인지를 잘 보여주고 있다. 보드게임을 해 보지 않은 사람도 영화를 보면 보드게임이 어떤 재미를 줄지 궁금해진다.

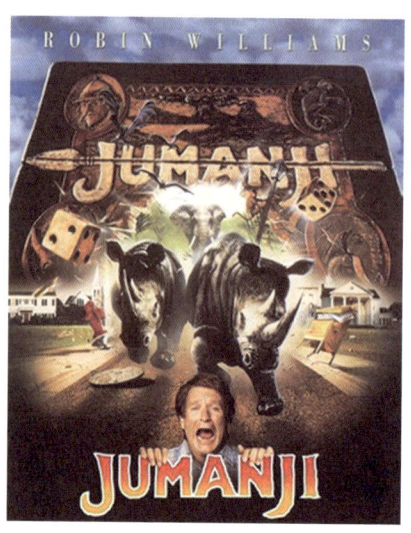

★ 〈주만지〉
로빈 윌리엄스 주연의 영화로 1995년에 개봉했다. 보드게임에서 일어나는 일이 현실에서 벌어진다는 설정이 신선해서 국내는 물론 세계적으로 인기를 끌었다. 요즘에는 드웨인 존슨의 〈주만지〉로 후속 시리즈가 계속 제작되고 있다.

한편 1990년대에는 독특한 테마나 세계관, 탄탄한 스토리를 가진 보드게임들이 등장한다. 1995년 카탄이 출시되면서, 보드게임에도 소설이나 영화처럼 스토리를 가진 게임, 혹은 플레이어 스스로가 스토리를 만들어 가는 게임이 등장한 것이다.

또한 보드게임이 다른 문화 콘텐츠 혹은 산업 콘텐츠와 미디어 믹스media mix 되는 경우도 많아졌다. 〈스타워즈〉와 〈반지의 제왕〉은 물론 전 세계 사람들을 열광시켰던 〈오징어 게임〉이나 〈기묘한 이야기〉도 보드게임으로 출시되는 등 영화나 드라마, 소설이 보드게임으로 만들어져 다시 한번 전 세계 사람들을 매료시켰다.

반대로 보드게임을 소설이나 영화로 제작하려는 움직임도 나

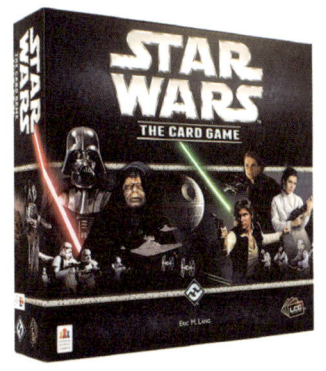

★ 미디어믹스의 사례를 잘 보여 주는 보드게임 '스타워즈'와 '반지의 제왕'

타났다. 앞서 언급한 클루와 카탄이 대표적이다. 클루는 이미 동명 소설로 영화화되었다. 카탄은 게임을 바탕으로 독일에서《카탄의 개척자들》이라는 책으로 출간되었고, 2017년에는 소니픽처스에서 영화로 만들기 위해 판권을 사들였다.

 만두게임즈의 김기찬 대표는 보드게임과 미디어믹스의 무궁한 가능성을 높이 사고 있다.

"요즘에는 종이 보드와 카드 등의 전통적인 구성물을 넘어선 입체적인 형태의 보드게임들이 많이 나오고 있습니다. 책 형식의 보드게임도 있고, 10시간이 넘게 걸리는 방대한 양의 스토리를 가진 보드게임도 있어요. 또 포켓몬과 같은 인기 캐릭터를 이용한 보드게임도 많이 개발되고 있지요. 그리고 온라인 게임을 보드게임화하거나 보드게임을 온라인 게임화하는 경우도 많고, 앱을 보드게임과 연동시키기도 해요. 콘텐츠 사이 교류와 재창조가 이뤄지고 있는 거죠."

코리아보드게임즈의 방정환 이사는 2021년 BTS와 콜라보한 제품을 출시했다고 밝혔다.

"BTS는 오래전부터 우리 한글을 세계로 보급하기 위한 활동을 하고 있었어요. 그래서 기존의 제품 '라온'을 BTS 버전으로도 출시했습니다."

라온은 한글 자음과 모음 타일로 구성되어 여러 단어를 만드는 형식의 보드게임이다. 이것을 세계적인 아이돌그룹 버전으로 만들어 글로벌 시장에서 판매할 수 있는 발판을 다진 것이다. 더 나아가 한글 보급과 한류 확산에 참여할 기회도 얻게 되었다.

5000년 전부터 인류가 즐겨온 보드게임은 산업혁명과 인쇄술의 발달 덕에 하나의 산업으로 발돋움할 수 있었다. 현재 보드게임은 다양한 방식으로 영화, 소설 등 다른 콘텐츠들과의 교류를 통해 당당하게 하나의 콘텐츠로 성장해 가고 있다.

★ 루시의 하루 ⓒ 만두게임즈

★ 라온 with BTS

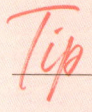

우리 조상들의 보드게임

우리 조상들 역시 아주 오랜 옛날부터 보드게임을 즐겼다. 《삼국유사》에는 바둑을 너무나도 즐긴 백제 개로왕이 고구려가 스파이로 보낸 바둑 고수의 말을 듣다가, 전쟁에서 패하고 결국 목숨까지 잃었다는 이야기가 있다. 삼국 시대에도 우리 조상들은 바둑과 같은 보드게임을 즐겼음을 알 수 있다.

통일신라 시대 귀족들은 '주령구'라는 14면체 주사위 놀이를 했다. 주사위를 굴려 나온 면의 지시에 따라 벌칙을 받는 형식의 놀이였다.

우리 조상들이 즐겼던 보드게임 가운데 빼놓을 수 없는 것이 '윷놀이'다. 윷놀이는 우리 겨레의 고대 국가 가운데 하나인 '부여*'에서 비롯된 놀이라고 한다.

★ **14면체 주사위, 주령구**

신라의 서울 경주의 궁궐터인 안압지에서 발견되었다. 하지만 원래 유물이 소실되었고, 지금은 모조품만 볼 수 있다. 14면에는 '노래 부르고 술 마시기' '못난이 흉내 내기' '시 한 수 읊기' 등의 벌칙이 적혀 있다.

---

* 고구려, 신라, 백제 3국 성립 전인 기원전 3세기경부터 한반도 북부와 만주 일대를 중심으로 번성했던 고대 국가로, 5세기 고구려에 병합되었다.

화투 역시 우리나라 사람들이 즐겼던 보드게임이다.

화투는 일찍부터 유럽과 교류했던 일본에 포르투갈의 카드 게임인 '카르타carta'가 전해지고, 일본인들이 이 카드를 본떠 12종류의 화초를 그려 넣은 하나후다花札라는 딱지를 만들어 놀던 것이 조선 후기 혹은 일제강점기 때 우리나라에 전래한 것이다.

화투를 보드게임이라고 하면 펄쩍 뛰는 사람이 있을지 모른다. 화투는 게임이 아니라 도박이라면서 말이다. 하지만, 화투는 보드게임의 하나다. 카드라는 보드게임의 구성 요소가 있고, 규칙이 있고, 이기고 지는 승패가 있기 때문이다.

★ **고누놀이**

조선 후기 김홍도가 그린 풍속화에도 등장하는 우리나라 전통 보드게임이다. 그림에서처럼 고누놀이는 상층민보다는 하층민들이 즐긴 것으로 보인다. 바둑이나 장기처럼 판과 돌을 가지고 다닐 필요 없이, 땅바닥과 주변의 돌을 이용할 수 있고, 규칙도 단순했다.

Chapter
02

보드게임의 쓸모

놀이는 아이들에게 그들이 배우고 있는 것을 연습할 기회를 준다.
―프레드 로저스(방송인)

1.
온 가족이 함께 즐기는 놀이, 보드게임

 주말이면 어디든지 떠나는 동생네가 있다. 초등학교 3학년과 1학년 아이를 둔 이 가족은 주말이면 아이와 뭘 할지 몰라 여행을 간다고 했다.

그런데 코로나바이러스감염증 19(이후 코로나19)가 유행하면서 여행을 갈 수 없는 상황이 됐다. 아이들은 심심해서 보채고, 부모는 뭘 하고 놀지 몰라 막막하고. 저마다 바쁘던 가족이 한 공간에서 북적이게 됐다.

바로 이때 동생의 눈에 집구석에서 먼지가 뽀얗게 쌓인 할리갈리가 들어왔다. 동생은 할리갈리를 갖고 아이들과 즐겁게 놀아 본 기억을 떠올리며 다시 보드게임에 관심을 두기 시작했다.

가족 놀이로서 보드게임이 그 진가를 발휘하기 시작하는 순간이었다.

응답하라,
추억의 보드게임

생각해 보면 우리는 어릴 때부터 보드게임을 많이 가지고 놀았다. 연례행사처럼 설날이 되면 어느 집이나 윷놀이 하곤 했다. 어른들이 안방에서 고스톱을 칠 때, 아이들끼리 모여 민화투를 치기도 했다. 할아버지 바둑판과 바둑돌로 하는 '한 알까기' 놀이는 얼마나 재미있던지! 또 문방구에 가면 '뱀주사위놀이'나 '야구놀이'가 꼬맹이들의 눈을 사로잡았다. 지금처럼 학원 뺑뺑이를 돌지 않아도 되던 시절, 국민학생들은 아껴 둔 용돈으로 문방구에서 보드게임을 사서, 동네 큰 집 대문 앞 그늘에 옹기종기 모여 앉아 게임을 하며 놀았다.

사실 그때는 그것들이 보드게임인 줄도 모르고 가지고 놀았다. 그러던 어느 날 정말 커다란 보드 판에서 게임이 펼쳐지는, 진짜가 나타났다. 지금까지 가지고 놀던 종이 한 장짜리 게임과는 차원이 달랐다. 우선 커다랗고 견고한 보드판이 모두의 시선을 사로잡았다.

★ 뱀주사위놀이와 야구놀이

뱀주사위놀이는 인도에서 시작된 보드게임이다. 19세기 영국에서는 뱀주사위놀이 형식의 교육용 보드게임이 출시됐고, 20세기에는 우리나라에서 출시됐다. 우리나라 뱀주사위놀이는 뱀은 그대로지만, 사다리 대신 고속도로가 놓였다. 산업화로 곳곳에 고속도로와 도로가 건설되던 시대상이 보드게임에 반영된 것이다.

야구놀이는 1982년 프로야구가 출범하면서 더 큰 인기를 끌었다. 동네에 웬만한 아이들은 MBC 청룡, OB 베어스 등 프로야구팀 산하 어린이야구단 점퍼를 입었고, 교실 뒤편이나 복도에 삼삼오오 모여 앉아 야구놀이를 하던 시절이다.

부루마불의 등장

1982년 '부루마불'이 등장했다. 부루마불 개발자이자 개발사인 씨앗사의 이상배 대표 뒤를 이어 경영 총괄을 맡은 이영석 실장은 아버지인 이상배 대표가 부루마불을 개발하게 된 배경을 이렇게 설명했다.

"부루마불이 탄생하던 1982년 무렵 우리나라 아이들의 놀이는 별것 없었어요. 놀이터에서 뛰어노는 게 전부였고 놀잇감이라곤 딱지, 플라스틱으로 만든 단순한 자동차, 플라스틱 모형 칼, 물총이 다였죠. 전자 오락기는 극소수 부잣집 아이들만 가지고 있었으니까. 아버지는 저를 포함해서 이런 친구들에게 재미있는 놀잇거리를 만들어 주고 싶었답니다. 그래서 주사위를 던져 나온 수만큼 자기 말을 움직여 여러 나라의 도시 카드(증서)를 구입하고 여기에 건물을 지어 숙박비(통행료)를 받으며 세계 일주를 하는 보드게임이 세상에 나오게 됐죠."

부루마불은 그때까지 가지고 놀던 보드게임들과 달랐다. 일단 외관상으로 상당히 고급스러웠다. 뱀주사위놀이나 야구놀이의 종이판과는 급이 다른 단단하고 반들반들한 보드 판에 빌딩, 별장, 호텔, 비행기와 같은 그럴싸한 모형이 있었다. 스케일도 대단했다. 한 번 거래마다 몇 십, 몇 백 만원을 주고받았고, 뉴스에서나 보던 뉴욕, 파리, 런던과 같은 도시를 마음대로 오갈 수 있었다. 그뿐인가? 황금열쇠만 잘 뽑으면 우주여행도 가능했다.

드라마 〈응답하라 1988〉은 당시 부루마불이 줄 수 있었던 즐거움을 잘 보여준다. 정봉이 집에 모인 덕선이와 그 친구들이 부루마불을 하는 장면을 살펴보자. 덕선이 동생 가을이는 주사위를 던질 때마다 뉴욕, 파리, 런던 등에 건물을 짓는다. 그럴 때마

★ 우리나라의 대표적인 보드게임, 부루마불 ⓒ씨앗사

1982년 이상배 대표(부루마불 개발자, 전 씨앗사 대표)가 디자인해 출시했다. 1970년대 후반 호텔 리모델링 작업을 위해 아랍에미리트로 갔던 이 대표는 모노폴리에 빠지게 되었고, 그 뒤 귀국해서 부루마불을 개발했다.

★ 가족이 함께하는 게임이라는 콘셉트를 강조한 부루마불 광고
ⓒ씨앗사

다 덕선이와 친구들은 가을이가 진짜 세계적인 도시의 건물주라도 된 양 부러워하고, 임대료를 지급하면서는 진짜 자기 돈이 나가는 듯 아까워한다. 택이에게 부루마불의 돈을 모두 잃었을 때는 진짜 파산한 사람들처럼 허탈해하며 서로를 타박한다. 그러나 최고의 백미는 병원에 입원해 답답해하던 만옥이 정봉이가 보낸 부루마불의 황금열쇠 중 하나인 '우주여행 초대장'을 보며 활짝 웃던 장면이다. '원하는 곳 어디든 갈 수 있다!'라는 황금열쇠는 금방이라도 어디로든 데려다 줄 것만 같은 마법의 카드였다.

부루마불은 다른 게임과 다른 면이 하나 더 있었다. 부루마불의 광고에도 잘 드러나는데, 바로 '가족이 함께하는 게임'이라는 점이다. 당시 모든 부모님이 아이들과 함께 부루마불을 하며 놀아 주지는 못했겠지만, 부루마불은 '저녁 먹고 한 판?' '아빠 퇴근하면 함께!' 이런 느낌의 게임이었다.

아버지는 밖에서 돈을 벌어오는, 자상하지만 근엄한 존재라고 여겼던 당시, 부루마불은 아빠와 가족이 모두 함께 놀 수 있는 놀잇감으로 보드게임이 있음을 알려 준 놀잇감이었다.

영화 한 편보다
보드게임

부루마불을 하며 놀았던 세대들은 한동안 보드게임을 잊었는지 모른다. 하지만, 부모가 된 뒤 다시 보드게임에 관심을 두는 이들이 늘었다. 가족과 함께하는 시간, 아이와 함께하는 시간이 얼마나 소중한지 알고 있는 이들은 가족과 함께하는 놀이로 주저 없이 보드게임을 선택했다.

육아 전문가들도 보드게임이 육아에 가져다주는 긍정적인 효과를 강조한다. 연세대학교 소아정신과 신의진 교수는 "영화 한 편 보다 보드게임을 하라"*라고 부모들에게 조언했다. 신 교수는 아이와 잘 소통하려면 정서적 교감이 필요하고, 정서적 교감이 원만히 이루어져야 정보 교환 역시 원활할 수 있다고 전제한 뒤, 부모는 무엇보다도 아이와의 정서적 교감을 위해 노력해야 한다고 강조한다. 그리고 이를 위한 가장 좋은 방법으로 아이와 보드게임을 하는 것을 추천한다. 보드게임을 하면 이기고 지는 감정을 당연히 주고받게 되고, 이 과정에서 부모와 아이는 자연스럽게 감정을 소통하게 된다는 것이다.

보드게임은 이처럼 가족 간 특히 부모와 아이가 정서적 교감을 하는 데 가장 좋은 수단이다. 가족의 놀이도구로 보드게임을 선택하는 이들이 늘고 있는 건 너무나 당연한 현상이다.

---

* 김현예, '틱 장애 생긴 아이… "너무 굶었나" 의사 엄마는 본인 탓했다 [괜찮아, 부모상담소]', 중앙일보, 2021년 8월 11일.
https://news.joins.com/article/24125962

2.
보드게임은
최고의
소통 수단

안타깝게도 어릴 적 부루마불을 가지고 놀던 세대들은 성장하면서도 계속해서 보드게임을 즐기지는 못했다. 학업으로, 또 다른 놀거리로 바쁘기도 했지만, 부루마불의 뒤를 이어 인기를 끌 만한 이렇다 할 보드게임이 없었던 탓도 컸다.

그런데 2000년대에 들어서 보드게임과 관련된 새로운 문화가 생겨났다. 서울, 부산, 대구 등의 주요 도시의 젊은이들이 모이는 거리 곳곳에 보드게임 카페가 생기더니, 1년 만에 200여 개로 늘어났다. 젊은이들 사이에서는 보드게임 카페에 가는 것이 유행처럼 번졌다. 아이들이나 가족의 전유물로만 알았던 보드게임이 어떻게 젊은이들의 마음을 사로잡았을까?

소통을 원하는 세대,
소통할 수밖에 없는 보드게임

젬블로 오준원 대표는 2000년대까지 우리나라의 보드게임에 대한 인식을 이렇게 회상했다.

"1980년대와 1990년대 유럽과 미국에서 보드게임이 크게 유행했지만, 우리나라에는 별다른 영향을 미치지 못했어요. 우리나라 사람들은 보드게임이 들어오기 전, 오락실에서 전자오락 게임을 먼저 했고 이어서 바로 온라인 게임으로 빠져들었죠. 온라인이 발달하고 온라인 놀이에 익숙한 세대에게 보드게임은 아날로그적인, 시대에 뒤떨어져 보이는 놀이였어요."

그런데 이렇게 아날로그적인 보드게임이 결과적으로는 2000년대 젊은이들에게 아주 잘 맞는 놀이 도구가 되었다. 개인차는 있겠지만, 2000년대 젊은이들은 이전 세대보다 확실히 술을 덜 마시고 자기주장이 명확했다. 그런데 이들은 자기주장이 강한 만큼 타인의 주장에 대해서도 마음을 열었다. 남을 존중하고 남의 의견에 귀 기울이는 만큼 자신과 자신의 의견도 존중받는다는 것을 잘 알고 있었다. 이전 세대보다 대화하고 소통할 준비가 되어 있었다.

이런 성향이 보드게임과 잘 들어맞았다. 보드게임은 기본적으로 플레이어들이 소통하며 즐기는 게임이다. 소통에는 당연히 참여가 전제된다. 보드게임에서는 일단 자기 차례가 오면 무조건

액션을 취해야 한다. 룰에 따른 강제라고 볼 수 있지만, 플레이어들은 그것을 강제로 여기지 않는다. 놀이라고 인식하기 때문에 자발적으로 참여한다.

　보드게임에서 액션을 주고받는 과정은 소통의 과정이다. 액션이 이뤄지면서 대화는 저절로 따라온다. 직접적으로 대화가 일어나지 않더라도, 액션은 그 사람의 의사나 의견, 감정을 반영하기 때문이다. 한 플레이어가 액션을 취하고 다른 플레이어가 이에 대한 액션을 취하는 것만으로도, 서로 대화하고 소통하고 있는 것이다.

★ 보드게임 카페에서 소통하는 젊은이들

함께하는
소통의 즐거움

2002년, 우리는 사람들이 공통된 주제로 한자리에 모였을 때, 함께 얼굴을 마주 보는 것만으로도 얼마나 큰 재미를 느낄 수 있는지를 경험했다. 2002 한일월드컵 때, 거리 응원을 떠올리면 모두가 수긍이 갈 게다. 가족 혹은 친구들끼리 삼삼오오 모여 도심 곳곳에서 '대~한민국'을 외쳤던 경험은 아날로그적인 향수를 불러일으켰다. 이 역시 온라인 게임에 푹 빠졌던 이들이 보드게임의 매력에 눈을 뜬 계기가 되었다.

물론 보드게임 카페의 인기는 오래 가지 못했다. 이 때문에 보드게임의 인기도 시들해지는 게 아닌가 싶었다. 하지만 그렇지 않았다. 코리아보드게임즈의 방정환 이사는 보드게임 시장 성장세를 숫자로 뒷받침했다.

"2002년 당시 코리아보드게임즈의 매출이 2억 원 정도였어요. 그런데 2014년 매출은 250억이었죠. 12년 동안 매출이 120배 이상 증가한 거예요. 전체 보드게임 시장 규모도 2015년 이후 5년 동안 2배 이상 성장했죠."

중간에 부침은 있었겠지만, 보드게임에 관한 관심은 줄지 않았고 오히려 늘었다. 그 이유는 여러 가지이겠지만, 중요한 포인트 가운데 하나가 사회적인 분위기의 변화이다.

《남자의 물건》으로 유명한 문화심리학자 김정운 교수가 '잘 놀아야 기회도 온다.'라며 놀이의 중요성을 강조해서 큰 호응을 얻은 때가 바로 이 시기다. 대통령 선거에 출마한 손학규 후보가 '저녁이 있는 삶'을 슬로건으로 내세워, 슬로건만으로는 최고의 인기를 누렸던 때도 이 시기였다.

　많은 사람이 집에 일찍 들어가 가족과 대화를 나누며 소소한 행복을 찾고자 노력했다. 주말이면 친구들과 삼겹살을 구워 먹고 이야기를 나누며, 일주일 동안 쌓인 스트레스를 풀려고 캠핑장을 찾는 이들도 많아졌다.

　이런 사람들에게 보드게임은 놀아 볼 만한 것이었다. 부부끼리, 부모와 자녀가 마주 앉아 끊임없이 이야기를 나눌 수 있는 가족은 그리 많지 않다. 아무리 친한 친구 사이라고 해도 재미

있게 분위기를 이끄는 특출난 재주를 가진 친구가 없으면, 캠핑 가서도 불멍(장작불을 멍하니 바라보는 행위)하거나 술만 마시다 오기가 십상이다.

보드게임은 이런 상황에서 사람들과 자연스럽게 대화하도록 이끄는 촉매제가 된다. 그러면 사람들은 소통하기 시작한다.

코로나와 보드게임

2020년, 누구도 예상치 못한 코로나19로 인한 팬데믹이 전 세계를 휩쓸었다. 사람들의 외출과 만남이 통제되고, 도시는 물론 나라 전체가 셧다운되기도 했다.

그런데 이런 상황에서 우리나라는 물론 전 세계 보드게임 개발사들의 매출이 크게 성장했다. 대표적인 예로, 영국의 보드게임 개발사 게임즈워크샵은 코로나19가 시작된 2020년부터 2021년 초까지, 창사 이래 최대의 수익을 올렸다고 한다. 영업 이익률이 43%로, 영업 이익률만으로는 구글(Google, 25%)보다도 높은 수익성을 보였다.* 세계 최고 기업으로 손꼽히는 IT 기업보다, 보

---

*   임주형, '구글보다 돈 잘 버는 보드게임 회사 [히든業 스토리]', 아시아경제, 2021년 8월 04일. https://www.asiae.co.kr/article/2021080413254201026

드게임 회사의 수익률이 더 높았다니!

 코로나19로 많은 기업과 자영업자들이 큰 타격을 입었지만, 그 와중에 매출이 늘어난 분야를 살펴보자. 집에 있는 시간이 많아지자, 사람들은 집을 더 편하고 예쁘고 꾸미고 싶어졌다. 그 욕구는 자연히 인테리어 시장으로 이어졌고, 인테리어 시장은 활황을 맞았다. 코로나19로 집 밖으로 나갈 수 없는 만큼, 소파에 앉아 텔레비전 보는 시간도 늘어났다. 이에 따라 더 크고 화질 좋은 텔레비전, 더 크고 편하고 예쁜 소파에 대한 수요 역시 늘어났다. 집에서 있는 시간, 텔레비전 보는 시간의 질을 높이기 위함이다.

 코로나19의 유행 상황에서 보드게임 개발사의 매출이 늘어난 것도 같은 맥락으로 봐야 한다. 집에 있는 시간이 늘어나고 가족과 함께하는 시간이 길어지자, 사람들은 그 시간을 보다 재미있고 의미 있게 보내려고 노력하기 시작했다. 그래서 참여와 소통을 끌어내며 온 가족이 함께 즐길 수 있는 보드게임에 관한 관심이 커졌고, 보드게임에 대한 수요 역시 늘어났다.

 보드게임은 어린 시절부터 또 부모가 되어서도, 가족과 친구와 함께 즐거운 시간을 보낼 수 있도록 돕는 매개체다. 그리고 이는 팬데믹 상황에서 더욱 더 그 진가를 발휘했다.

 혹자는 코로나19 같은 상황이 끝나면, 보드게임에 대한 인기가 시들지 않겠냐고 전망한다. 또 모바일과 컴퓨터 게임에, 결국 보드게임을 찾는 이들은 줄어들 수밖에 없을 것이라고도 한다. 이런 우려에 대해 게임올로지의 최정희 대표는 수긍이 가는 다른 견해를 가지고 있다.

"보드게임의 가장 큰 매력은 얼굴을 맞대고 한다는 점입니다. 친구끼리, 가족이 같은 공간에서 할 수 있는, 가장 인간적인 유대감을 갖게 할 수 있는 게임이지요. 모바일과 컴퓨터 게임이 아무리 재미있어도, 얼굴을 맞댔을 때 느낄 수 있는 재미는 줄 수 없어요. 보드게임은 보드게임만이 줄 수 있는 재미가 있습니다. 그래서 보드게임을 한 번도 안 해 본 사람은 있어도, 한 번만 해 본 사람은 없다고 하지요."

외로움의 시대, 보드게임의 쓸모

세계적인 경제학자의 분석 또한 최 대표의 견해에 뒷받침이 되어 준다. '세계를 이끄는 가장 위대한 지성 중 한 명'(《옵서버》지 선정), '영국 최고의 지식인'(《가디언》지 선정)으로 꼽히는 영국의 유니버시티칼리지런던 세계번영연구소의 명예교수 노리나 허츠 Noreena Hertz가 바로 그 주인공이다. 허츠 교수는 2021년 자신의 저서 《고립의 시대》에서 '우리는 외로움의 시대에 살고 있다.'라고 했다. 그리고 소셜 미디어와 스마트폰의 발달이 새로운 세상을 만들었지만, 그 세상은 개인을 '소비자'로 전락시켰다고 했다.

맞는 말이다. 현재 소셜 미디어는 가장 강력한 마케팅 수단이다. 우리는 SNS에서 본 모든 것이 나를 향한 광고일 수 있다는 의심의 시대에 살고 있다. 소셜 미디어를 통해 더 많은 소통을 할 수 있다고 하지만, 이런 상황에서 소셜 미디어가 사람과 사람을 진실하게 연결해 줄 수 있을까? 허츠 교수는 이러한 상황이 사람들을 외롭게 만들고 있고, 우리는 외로움의 시대에 살고 있다는 것이다. 그리고 이 외로움의 시대에 기업이 팔아야 할 것은 제품이 아니라 '유대감'이라고 말한다.

★ **고립의 시대**

보드게임만큼, 서로 얼굴을 맞대고 대화하면서 즐겁게 즐길 수 있는, 유대감을 줄 수 있는 제품이 또 있을까? 이것이 코로나19로 인한 팬데믹이 끝난 뒤에도, 우리가 보드게임을 손에서 놓지 못하는 또 하나의 이유다.

3.
학습 능력을 향상시키는 보드게임

요즘 아이들은 보드게임에 매우 익숙한 편이다. 유치원이나 학교에서 수업에 보드게임을 자주 활용하기 때문이다. 창의 교육, 열린 교육 등 다양한 교육적 시도가 이뤄지며, 보드게임은 더욱 더 적극적으로 활용되고 있다. 예를 들어 독도에 대해 알아보거나 새로운 제도에 대해 알아볼 때, 혹은 창의 체험 활동 교구로도 이용된다. 더 나아가 선생님들과 아이들이 교수 학습을 위해 동아리를 만들어 보드게임을 직접 개발하기도 한다. 그래서 아이를 둔 부모라면 보드게임을 자주 접하게 되고 관심을 두기 마련이다. 그런데 정말 보드게임이 아이들의 학습 능력을 향상시킬 수 있을까?

보드게임을 향한 힐러리의 믿음

힐러리 클린턴은 42대 미국 대통령 부인이자 미국의 첫 번째 여성 대통령이 될 거라는 기대를 모은 정치인이다. 많은 여성이 롤모델로 꼽는 교육자이자 사회운동가이기도 하다. 그런 힐러리 클린턴이 어린 시절부터 보드게임을 많이 했다고 밝히며, 보드게임의 교육적 효과를 높이 평가한 바 있다.

★ 힐러리 자서전

> 우리는 카드놀이와 모노폴리나 클루 같은 보드게임을 많이 했다. 나도 우리 어머니와 마찬가지로 보드게임과 카드놀이가 아이들에게 수학적인 계산 능력과 전략을 가르쳐 준다고 믿는다.
> – 힐러리 자서전 《힘든 선택들》 중에서

힐러리의 이 믿음은 쉽게 입증할 수 있다. 지금은 대학생이 된 아들을 둔 한 지인은 아이가 어렸을 때 수학 때문에 고민이 많았다고 한다. 주변의 다른 엄마들을 아이가 유치원에 들어가기 전부터 《구몬》이나 《눈높이 수학》 같은 단순 계산을 반복하는 학습지를 시키는 분위기였다. 그런데 지인의 아이는 학습지는 절대 안 하겠다고 버텼다. 선배 엄마들은 수학 계산은 반복이 중요하고 공부는 습관이니 어떻게든 어르고 달래서 해 보라고 했지만, 아이의 고집이 보통이 아닌 모양이었다. 결국 엄마가 백기를 들었는데, 그냥 포기하지만은 않았다.

수포자도 몰입하게 하는 보드게임

학습지를 기피하는 아이를 위해 엄마는 가끔 남편과 게임을 하던 트럼프를 떠올렸다. 트럼프 카드에는 숫자와 그림이 함께 있어서, 숫자를 익히고 덧셈과 뺄셈을 하는 데 좋은 교구라는 말을 어디선가 들었던 것이다. 아이와 함께 트럼프로 덧셈 놀이부터 시작했다.

먼저 트럼프 카드 가운데 조커와 K, J를 뺀 나머지 카드, 즉 2~10과 A와 Queen, 총 44장을 앞면이 보이게 바닥에 늘어놓는다. 그리고 A는 1, Queen은 0으로 취급하기로 약속한다.

준비됐으면 게임을 시작한다. 가위바위보를 해서, 이긴 사람이 먼저 숫자 1~10 중 하나를 외친다. 진 사람은 바닥의 카드 2장으로 상대가 외친 숫자를 맞춘 뒤, 자기 앞에 그 2장의 카드를 내려놓는다. 이렇게 번갈아 숫자를 외치고 카드를 자신 앞에 내

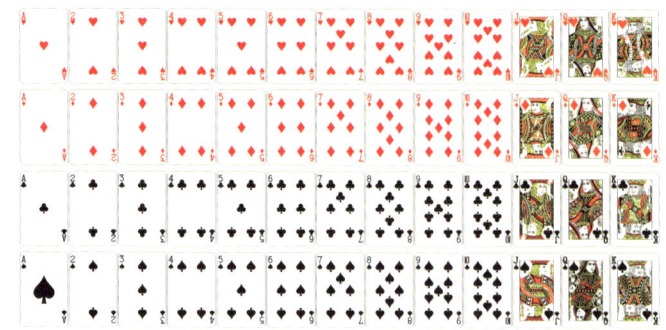

★ 트럼프는 카드게임이기도 하지만, 덧셈과 뺄셈을 가르치는 훌륭한 도구이기도 하다. 각 그림의 A는 1로 쓴다. 두 자릿수 덧셈과 뺄셈을 할 수 있으면, J, Q, K도 11, 12, 13으로 활용할 수 있다.

려놓는다.

그러다 보면, 자기 앞에 카드가 놓이는데, 그 카드로 연이은 숫자 5개를 먼저 만드는 쪽이 이긴다. 1, 2, 3, 4, 5를 먼저 만들거나, 5, 6, 7, 8, 9를 먼저 만드는 사람이 이기는 것이다. 혹은 바닥에 깔린 카드로 만들지 못하는 숫자를 부를 경우에는 조커를 받게 되고, 조커 3장이면 게임에서 지게 된다.

이런 룰의 카드놀이에 익숙해지자, 난이도를 높이기 위해 룰을 바꿨다. 카드 2장이 아니라 3장으로 숫자 만들기, 혹은 1~20까지 숫자 만들기 이런 식으로 말이다.

한편 구구단은 화투 놀이를 통해서 익혔다. 화투의 껍데기는 1점, 띠는 2점, 십은 3점, 광은 4점 이렇게 룰을 정해 민화투를

★ 화투를 이용하면, 아이들에게 덧셈과 뺄셈은 물론 곱셈도 재미있게 가르칠 수 있다. 그러려면 각 화투패에 해당하는 숫자를 알아야 한다. 또 광, 십, 띠, 피를 구별해야 한다. 광은 '光'이라고 쓰여 있고, 십은 광이 없는 패의 맨 앞 화투패이다. 띠는 띠 모양이 있어서 구별하기 쉽다.

친 뒤 1씩, 2씩, 3씩, 4씩 뛰어 세기 연습을 하면서 2, 3, 4단을 먼저 익혔다. 익숙해지면 껍데기는 5, 띠는 6, 십은 7, 광은 8로 정해서 5씩, 6씩, 7씩, 8씩 뛰어 세기를 연습하는 방식으로 구구단을 뗐다.

부루마불 역시 계산 연습을 하기 좋은 보드게임이다. 게임 시

★ **화투로 하는 곱셈 놀이**

엄마와 아이가 민화투 게임을 한 결과 예시다.

	아이가 딴 화투패	엄마가 딴 화투패
광	4+4+4	4+4
십	3+3+3	3+3+3+3+3
띠	2+2+2	2+2+2+2+2
피	1+1+1+1+1+1+1+1+1+1	1+1+1+1+1+1+1+1+1+1+1+1+1

아이에게 다음과 같은 질문을 하며 점수를 계산한다.
"누가 이겼나 볼까? 광은 4점, 십은 3점, 띠는 2점, 피는 1점으로 정했으니까, 네가 딴 광은 모두 몇 점이니? 광의 수만큼 4씩 뛰어 세기를 하면 알 수 있겠지?"

작 전에 미리 게임이 끝나는 바퀴 수를 정한다. 즉 누군가 파산을 해야 게임이 끝나는 것이 아니라, 미리 정한 5바퀴, 혹은 7바퀴를 돌면 그 판을 끝내는 것이다. 판이 끝나면, 각각 자산의 합을 구한다. 그러면 1만 단위는 물론, 10만, 100만 단위까지 계산해야 한다. 아이가 어려워서 못 하겠다고 하지 않을까 싶지만, 절대 그렇지 않다. 아이는 이겼을 때는 얼마나 이겼는지 궁금해서, 졌을 때는 진짜 졌는지 확인하려고, 엄마 것까지 계산했다.

계산을 어려워하는 것 같지 않자, 엄마는 부루마불 통장을 만들어 주었다. 각 판에서 얻은 자산을 통장에 적게 하고, 누적 금액까지 구하게 했다. 아이는 이번에도 신이 나서 계산했다. 자기 자산의 숫자가 커지는 것만으로 얼마나 짜릿해하던지! 또 자기 돈이 엄마보다 얼마나 더 많은지를 비교하며 얼마나 우쭐해하던

★ **부루마불 통장**

날짜	판	자산						누계
		호텔	빌딩	별장	현금	기타	계	

지! 보드게임은 아이를 계산에 몰입하게 했고, 몰입한 만큼 아이의 계산 실력은 일취월장했다.

보드게임과
전략적 사고

힐러리의 믿음처럼, 보드게임은 수학적 계산 능력을 향상시킬 뿐만 아니라, 전략을 세우는 사고력과 자세까지 키워 준다. 고스톱을 칠 때를 떠올려 보자. 우리는 자연스럽게 전략적 사고를 하게 된다. 예를 들어, 내 왼쪽 사람이 3점이 나서 '고'를 하면, 나는 당연히 내 왼쪽 사람이 날 수 있는 패가 뭔지를 살피고 패를 낸다. 내 왼쪽 사람이 장미와 국진 띠를 가지고 있다고 예상되면, 나는 풍 띠를 내는 식이다. 트럼프 카드놀이를 할 때도, 내가 가지고 있는 패와 바닥에 깔린 패를 잘 살피면 어떤 패가 나올 확률이 높고 낮은지 가늠할 수 있고, 그것을 바탕으로 게임에서 이길 확률을 높일 수 있다.

그런데 이런 전략적 사고는 어른들의 전유물일까? 아이들을 데리고 아주 간단한 보드게임을 해 보면 알 수 있다. 아이들이 얼마나 전략적으로 사고하는지를.

그림 맞추기 게임만 해도 그렇다. 카드를 하나씩 뒤집어서 같은 그림을 찾아내는 보드게임을 할 때, 아이들은 처음에는 아무

★ 전략적 사고를 하게 하는 카드 게임의 예

네 명이 하는 트럼프 카드 게임의 예시다.

카드놀이를 할 때, 다른 사람의 패를 보며 전략적 사고를 해야 한다. 이 게임에서 가장 높은 점수를 얻은 사람은 '사람 1'이다. 10트리플이기 때문이다. 하지만 누가 이길지는 아직 알 수 없다. 사람 1은 10트리플인데, 다이아몬드 10이 나오면 포카가 될 수 있고, 사람 2는 어떤 그림이든 상관없이 J와 10이 나오면 스트레이트가 된다. 사람 3은 2페어인데, 클로버 2개를 더 얻으면 하우스가 된다. 사람 4도 4, 5가 들어오면 스트레이트, 다이아몬드 2개가 더 들어오면 하우스, 다이아몬드 4, 5가 들어오면 스트레이트풀하우스가 된다. 카드놀이를 할 때는 이런 경우의 수를 생각하며, 전략적인 사고를 해야 이길 확률이 높아진다.

거나 뒤집는다. 하지만 곧 어떤 규칙을 가지고 뒤집는 게 기억하기에 훨씬 쉽다는 걸 깨닫는다. 즉, 오른쪽 윗줄부터 혹은 왼쪽 아랫줄부터 뒤집어서 카드의 그림을 기억한다. 젠가를 할 때는 또 어떤가? 처음에는 아무나 빼던 아이들도 자꾸 게임을 하다 보면 전략적으로 생각한다. 무엇을 빼야, 다음 사람이 더 위험해질지.

그림 맞추기나 젠가 게임을 하는 아이들은 게임을 하다 보면 전략적으로 움직여야 함을 깨닫는다. 여기서 중요한 건 그림 맞추기나 젠가와 같은 게임을 해 본 경험이 있느냐다. 그림 맞추기나 젠가를 하면서 어떻게 하면 기억을 더 잘할까, 어떤 막대를 빼야 내 다음 사람을 더 위험하게 할 수 있을까 같은 생각을 해 본 경험이 있는 아이는 문제 상황에 맞닥뜨렸을 때 '어떻게 해야 할까?' 하는 생각(전략적 사고)을 자연스럽게 먼저 하게 된다.

그림 맞추기나 젠가처럼 쉬운 보드게임을 할 때도 전략적으로 생각하고 움직이는데, 복잡하고 어려운 게임을 할 때는 어떨까? 당연히 더 전략적으로 생각하고 움직일 수밖에 없다.

학습 능력을 훈련시키는
가장 완벽한 방법, 보드게임

가까운 지인 가운데 보드게임 마니아가 있다. 지인은 아이에게

4살 때부터 초등학교 때까지 보드게임을 하고 놀게 했다. 처음에는 업체에서 교육받은 교사에게 아이를 맡겼다. 하지만 몇 번 경험을 하고는 중고를 사서 자신이 직접 아이와 함께 보드게임을 갖고 놀았다. 오르다, 하바, 라벤스브루거 등등 시간이 날 때마다 여러 가지 보드게임을 하고 놀았다. 최근 아이를 영재고등학교에 보낸 지인은 아이 교육 가운데 가장 잘한 것으로, 아이와 함께 보드게임을 하고 논 것을 꼽았다.

이는 하버드대학교에서 아동심리학을 가르치는 앨빈 로젠필드 교수의 말과 정확하게 일치한다.

"자녀와 보드게임을 하는 것은 함께하며 학습 능력을 훈련시키는 가장 완벽한 방법이다."[*]

---

[*] 황선영, '스마트폰 대신 보드게임 한번 즐겨 볼까? 베스트베이비', 서울문화사, 2018년 12월 4일. https://news.v.daum.net/v/20181204220003353?f=o

4.
사회성을
키워 주는
보드게임

미래에는 어떤 인재가 주목받을까? 아이를 키우는 부모라면 당연히 관심이 갈 수밖에 없는 질문이다. 20세기에는 머리가 좋은, 즉 IQ가 좋은 인재를 키워야 한다고 했지만, 21세기 들어서는 공감할 수 있는 능력 즉 EQ가 강조되었다. 그러나 앞으로는 사회성(사회적 지능) 즉 SQ가 중요한 시대가 될 것이라고 한다.

사회적 동물인 인간에게 사회성이 중요한 것은 두말할 필요가 있을까? 하지만 왜 사회성을 키우는 것이 더 중요해진 걸까? 그리고 보드게임은 어떻게 사회적 지능을 키우는 데 도움이 될까?

똑똑한 그 친구를
꺼리는 이유

한 어린이 농구팀에서 초등학교 5학년 남자아이들이 팀을 구성하는 것을 본 적이 있다. 18명의 아이가 3팀으로 팀을 나누는 상황이었는데, 지켜보다 보니 흥미로운 점을 발견했다.

어린이 농구팀인 만큼 아이들은 모두 농구를 좀 하거나 하고 싶어 하는 아이들이었다. 각 팀의 주장은 무작위로 선발되어 가위바위보를 해서 이긴 사람부터 한 명씩 팀원을 뽑았다. 주장들이 가장 원하는 아이는 160cm가 넘는 장신들이었다. 《슬램덩크》* 세대가 아닌데도, '농구에서 키는 가장 큰 재능이다.'라는 말을 다들 잘 알고 있었다. 그다음으로 인기 있는 그룹은 드리블이 좋고 슛도 좋은 아이들이었다. 그리고 다음은 빠르거나 슛이 좋거나 한 가지는 할 줄 아는 아이들이었고, 마지막 그룹은 농구를 좋아하지만 잘하지는 못하는 아이들이었다.

그런데 A가 마지막까지 남아서 의아했다. A는 160cm까지는 안 되었지만, 키가 작은 편이 아니었다. 굉장히 빠르게 드리블을 치고 들어가 슛을 할 수 있는, 꽤 괜찮은 슈터 혹은 가드 감이었다. 그런데 A는 마지막까지 아무에게도 선택되지 않았다.

왜 그런지, 그 까닭은 게임을 보면서 금세 알 수 있었다. A는

---

*   일본 만화가 이노우에 다케히코의 농구를 소재로 한 만화 시리즈

팀플레이가 뭔지 모르는 아이였다. 센터가 리바운드해서 공을 넘겨주면 드리블을 치고 들어와 슛을 쏘았다. 오로지 자신만을 위해 게임에 임했다. 센터가 공을 잡도록 스크린을 하거나, 상대 슈터에 대한 수비는 하지 않고, 오로지 자신이 득점을 올리는 데만 열을 올렸다. NBA 최고의 슈터도 슛을 쏘면 열에 한두 번은 들어가지 않는다. 초등학교 5학년 학생은 10번 쏘면 2번 들어가도 아주 잘하는 것이라고 한다. A는 10번 슛을 쏘아 1번 골을 넣을까 말까였다. A의 공격은 공격권을 내주는 결과만 초래했다.

A의 팀은 A를 교체하려 했지만, A는 나가려 하지 않았다. 결국 아이들은 A에게 공을 주려 하지 않았고, A의 팀은 4명이 플레이를 하는 것과 마찬가지가 되어 버렸다. A의 팀 성적이 좋을 리가 없었다. 세 팀 가운데 A의 팀은 3등을 하고 그날 경기가 끝났다. A는 정말 똑똑한 아이였다. 어렸을 때부터 그 근방 엄마들 사이에 소문이 자자할 정도로 공부도 뛰어나게 잘했다. 엄마의 교육열도 대단해서, A의 엄마는 공부에 관해서는 주변 엄마들의 리더 격이었다. 엄마의 리드와 A의 능력으로, A는 또래 아이들 사이에서 자연스럽게 리더의 역할을 했다.

하지만 그것은 어렸을 때로 끝났다. 커가면서 A의 입지는 줄어들었고, 5학년쯤 되자 A는 농구나 축구를 할 때 거리두기 1순위였다. 그런데 농구와 축구처럼 구기 운동을 할 때만 아이들이

A를 기피했을까? A는 모든 분야에서 아이들로부터 소외되기 시작했다.

사회적 지능을 키우는 가장 좋은 방법

A는 한 마디로, 머리는 좋지만 사회적 지능이 많이 떨어지는 아이라고 할 수 있다. 사회적 지능SQ, Social Intelligence은 우리가 흔히 말하는 사회성과 관련된 능력으로, 상대방의 감정과 의도를 읽고 타인과 잘 어울리는 능

★ SQ 사회지능

력이다. 세계적인 심리학자 다니엘 콜먼은 자신의 저서 《SQ 사회지능》에서 앞으로 사회적 지능이 높은 사람이 성공한다고 주장했다. 보스턴컨설팅그룹BCG CEO를 지냈던 호리 고이치는 아예 "인맥의 크기만큼 성공한다."고까지 했다.

그런데 요즘 아이들은 타인과 잘 어울리기에는 점점 더 어려운 환경에서 자라나고 있다. 우선, 핵가족에서 혼자 크는 아이들이 많다. 이런 아이들에겐 조부모와 삼촌, 이모, 형제와 부딪히며 사회적 지능을 키울 기회가 거의 없다. 또한 사람과 사람이 어울

려 놀기보다는 컴퓨터 게임이나 각종 미디어를 상대로 노는 데 더 익숙하다. 코로나19와 같은 상황은 만남 자체를 어렵게 만들기도 했다.

이런 상황에서 보드게임은 더욱 빛을 발한다. 아이들의 사회성 발달에 긍정적인 영향을 미치는 좋은 놀잇감이기 때문이다.[*] 보드게임이 진행되는 과정을 떠올려 보면, 금세 이해가 된다.

일단 보드게임은 적으면 2명, 많으면 6~8명이 얼굴을 맞대고 하는 놀이이다. 사회성을 키울 수 있는 기본적인 조건이 형성된다. 그런데 보드게임은 승패가 있는 놀이이다. 즉 경쟁하는 시스템이다. 이 경쟁은 어떤 게임에서는 혼자, 또 다른 게임에서는 협업을 통해 이루어진다. 그리고 정해진 룰에 따라 진행된다. 참가자 모두가 룰을 지키고, 그 안에서 상호 작용해야 더 재미있게 게임을 만들어갈 수 있다. 그런데 때로는 순서를 지키지 않거나, 룰을 제멋대로 해석하는 상대가 나타날 때도 있다. 이때 게임을 지속하려면, 이 상대를 설득하거나 혹은 상대와 협상해야 한다. 내가 상대처럼 내 주장만 하게 되면, 게임을 진행할 수 없게 된다. 이런 과정에서 게임 참가자, 즉 플레이어들은 사회성을 키울 수밖에 없다.

---

[*] 김민정, 백경미, 2011, '유치원 생활주제에 기초한 교육용 보드게임이 유아의 사회적 문제해결력과 조망수용능력에 미치는 영향', 어린이미디어연구 제10권 2호, 47p

협업이 중요해진 세상,
필수 능력을 키워 주는 보드게임

사회에서도 마찬가지다. 공부도 사회생활도, 사회적인 규범 안에서, 혼자 혹은 협업을 통해 이루어진다. 사회 구성원들이 모두 사회 규범을 지키고, 그 안에서 서로 경쟁할 때 사회는 더 평화롭게 발전할 수 있다. 때때로 상대가 나와 같지 않을 때, 상대를 쉽게 배척하기만 할 수는 없다. 서로의 이해관계가 물고 물려 있는 터라, 항상 고려해야 할 뭔가가 있기 마련이다. 그래서 상대의 이야기를 듣고 타협한다. 이처럼 우리 사회와 보드게임은 닮아 있다. 《부자 아빠 가난한 아빠》의 저자 로버트 가요사키의 말처럼 보드게임은 우리의 실제 행동을 반영하는 메커니즘을 갖고 있기 때문이다.

보드게임을 하는 아이들은 게임 과정에서 자연스럽게 사회생활을 하는 데 필요한 여러 가지를 배우게 된다. 나와 다른 사람의 상태를 파악하고, 사람의 마음을 이해하는 사회적 기술, 대인관계 기술을 습득하는 기회를 경험하게 된다. 보드게임은 아이들의 사회적 문제를 해결하는 능력과 조망수용능력 발달에 매우 긍정적인 영향을 미친다.[*]

---

[*] 김민정, 백경미, 2011, '유치원 생활주제에 기초한 교육용 보드게임이 유아의 사회적 문제해결력과 조망수용능력에 미치는 영향', 어린이미디어연구 제10권 2호, 47p

Chapter 03

보드게임의 활용

노는 방법을 아는 것은 행복한 재능이다.
―랠프 월도 에머슨(시인)

1.
보드게임, 제대로 활용하고 있나요?

 교육이나 육아 전문가들에게 좋은 놀잇감을 추천해 달라고 하면 언제나 빠지지 않는 것이 보드게임이다. 재미있을 뿐 아니라 부모가 아이와 정서적 교감을 나누기에 그만한 것이 없기 때문이다. 게다가 억지로가 아닌 즐기는 가운데 아이의 학습 능력과 사회성을 길러 주는 최고의 놀잇감이 되기도 한다.

보드게임은 그 자체로도 충분히 재미있어서 그냥 가지고 놀아도 좋지만, 제대로 육아 효과를 보려면 게임에 앞서 부모가 반드시 알아야 할 게 있다. 무엇을 알고 준비해야 하는지 보드게임 전문가들의 의견부터 들어 보자.

보드게임 육아에 앞서
부모가 반드시 알아야 할 것

1. 부모부터 즐겨요!

"보드게임을 하는 게 즐겁지 않은 부모와 하는 보드게임을 아이가 재미있다고 느낄까요? 그리고 그런 상황에서 보드게임의 어떤 교육적 효과가 발현될 수 있을까요?"

코리아보드게임즈의 방정환* 이사는 부모가 아이와 함께 보드게임을 잘 가지고 놀기 위해서는 무엇보다도 부모가 보드게임을 진정으로 즐겨야 한다고 강조한다. 방 이사는 '보드게임을 즐기는 부모를 가진 아이는 행운아'라고까지 표현했다. 부모가 보드게임을 즐겨야 아이들에게 다양한 보드게임을 소개할 수 있고, 그 속에서 아이에게 다양한 배움의 기회를 제공할 수 있기 때문이다.

우리나라 대표 보드게임 개발사 코리아보드게임즈는 교육적 효과를 염두에 두고 보드게임을 개발하지 않는다고 한다. 보드게임은 놀이로서 재밌어야 한다는 확고한 철학 때문이다. 더불어 보드게임의 교육적 효과는 보드게임이라는 형식에서 자연스럽게, 그리고 당연하게 발현되는 것이라고 믿는 신념 때문이다.

처음 접하는 게임이라면 부모도 한두 번은 재미있게 임할 수 있을 것이다. 하지만 같은 게임을 아이와 단둘이서만 계속하자면 지루해질 수 있다. 이때에는 친구나 아빠(또는 엄마)로 인원 구성을 달리하거나 이 책의 3장에서 안내하는 놀이법을 활용해 보자.

* **방정환**
  우리나라에서 가장 큰 보드게임 개발사인 코리아보드게임즈에서 보드게임 개발을 담당하고 있다. 보드게임 작가를 발굴하고 보드게임을 개발해서 수출하고 또 좋은 보드게임을 수입해서 판매한다. 그리고 교육적 효과가 입증된 보드게임을 중심으로 교육 사업도 벌이고 있다.

2. 규칙을 정하세요!

"아이들은 시간 개념이 없잖아요? 또 재미난 것은 끝도 없이 하려고 하지요. 잠 잘 시간이 되었는데도 보드게임을 계속하려는 아이를 만들지 않으려면, 오늘은 보드게임을 몇 번만 하자라는 횟수를 꼭 정해 주세요. 그래야 아이들이 보드게임 때문에 해야 할 일을 미루지 않고, 규칙적인 생활을 할 수 있어요."

보드게임에는 이미 규칙이 있는데, 또 규칙을 정하라니! 교육용 보드게임 개발과 지도사 양성을 하는 다즐에듀의 이현희* 대

표가 아이들은 물론 지도사들을 교육할 때도 강조하는 것이 '규칙을 정하라!'이다. 이 대표가 말하는 가장 기본적인 규칙은 '횟수'다.

비단 보드게임에만 적용되는 지침은 아닐 것이다. 그러나 규칙에 따라 진행하는 보드게임인 만큼, 보드게임을 하고 노는 횟수나 시간을 정하는 것을 아이에게 납득시키는 일이 어렵지만은 않을 것이다.

또한 아이에 따라 규칙이 필요하기도 하다. 지면 울음부터 터뜨리거나, 자기 맘대로 안 되면 판을 뒤집는 등 아이의 잘못된 행동에 맞는 규칙이 필요하다는 것이다.

"잊지 말아야 할 것은 아이와의 합의예요. 보드게임은 합의된 규칙을 바탕으로 노는 놀이예요. 이 때문에 자율적 참여와 소통이 이루어지지요. 그러니 규칙도 합의를 통해 정해 보세요. 아이는 자신이 정한 규칙을 잘 지킬 수밖에 없고, 더 나아가 규칙을 만들어가는 경험까지 할 수 있어요."

• 이현희
교육용 보드게임 개발·제작 전문업체인 다즐에듀를 운영하고 있다. 보드게임 지도사 양성에도 힘쓰는 보드게임 교육 전문가다. 그가 양성한 보드게임 지도사들이 유치원이나 초등학교 등 많은 교육 기관에서 아이들에게 보드게임 활용법을 가르치고 있다.

3. 잘 져 주세요!

"보드게임을 통해 아이가 얻을 수 있는 중요한 교육적 효과는 이 겼을 때 가질 수 있는 성취감과 졌을 때 느낄 수 있는 패배감, 그리고 그 패배를 딛고 다시 도전할 수 있는 자세를 갖게 되는 거예요. 그런데 어른과 아이가 보드게임을 하면 어른이 이기는 게 당연하잖아요. 그렇다고 부모가 게임에서 계속 이기면, 아이 마음이 어떻겠어요?"

젬블로의 오준원* 대표는 어른이 아이들과 보드게임을 할 때 겪는 가장 큰 문제가 무엇인지, 그 누구보다 잘 아는 보드게임 전문가다. 그는 부모가 아이와 함께 보드게임을 하고 놀 때, '잘 져 줘야 한다.'라고 강조했다.

계속 진 아이는 심통을 내거나 울음을 터뜨리기 쉽다. 성정이 강한 아이는 판을 뒤집어 버리기도 한다. 이런 경험이 계속되면, 보드게임은 아이에게 다시는 갖고 놀고 싶지 않은 놀잇감이 되고 만다. 따라서 부모는 아이에게 적당히, 잘 져 주는 운용의 묘를 발휘해야 한다. 그런데 어떻게 해야 잘 져 주는 것일까?

"무엇보다도 아이가 보기에, 부모가 보드게임을 할 때 최선을 다하는 모습을 보여 줘야 해요. 그래야 저도 덜 속상하잖아요. 아이에 따라 져 주는 횟수를 달리해야 하는 경우가 많습니다. 어릴수록 결과에 집착하는 경우가 많은데, 이런 경험이 적은 아이들은 나이가 좀 들어도 여전히 결과에 집착하게 됩니다. 아이들이 승부에 집착하는 경향이 강할 때는 5번 중 3번 정도는 져 주다가, 게임 결과 집착에서 게임 과정 즐기기로 발전하게 되면 져 주는 횟수를 자연스럽게 줄여도 좋습니다. 아이들이 초등 저학년을 지나게 되면 부모님들이 아이를 이기고 싶어도 이길 수 없는 게임들이 차츰차츰 늘어나게 됩니다. 그러한 과정들이 쌓이면서 아이들은 성장하게 되고, 아이가 자신의 성장을 스스로 느낄 수 있게 됩니다."

오 대표는 특히나 아빠들에게 잘 져 주라고 당부한다. 엄마보다는 아빠들이 아이와의 놀이에서 승리욕에 불타는 경우가 많은 까닭이다.

* **오준원**
  보드게임을 만들고 국내 유통 및 수출, 교육 등을 하는 회사 (주)젬블로를 운영하고 있다. 육각형의 도형을 활용한 보드게임 '젬블로', 한글 게임 '라온' 등의 개발자이기도 하다. 한편 보드게임 활용법을 가르치는 선생님들을 육성하는 데도 힘을 쏟는 교육 전문가이다.

보드게임을 할 때
부모가 반드시 챙겨야 할 것

흔히 이런 말을 한다. '아는 것과 가르치는 것은 별개'라고. 보드게임도 마찬가지다. 보드게임을 즐기는 부모라고 해서, 또 보드게임에 대해서 많이 아는 부모라고 해서, 아이와 보드게임을 재미있게 가지고 놀 수 있는 건 아니다. 게임을 하는 과정에서 아이에게 많은 것을 가르칠 수 있는 것도 아니다. 그래서 선생님이나 전문가의 손에 아이를 맡기는 경우도 있다. 그것이 꼭 나쁜 방법은 아니다. 하지만 그것은 부모가 아이와 유대감을 쌓고 정서를 교류할 좋은 기회를 잃는 것이기도 하다. 이럴 때 기지를 발휘해 보자. 부모가 몇 가지만 미리 습득한다면, 아이와 재미있게 보드게임을 가지고 놀 수 있다. 기질육아 전문가이자 아이의 기질에 맞는 보드게임 활용법 보급에도 앞장서고 있는 그로잉맘의 이다랑* 대표 이야기를 듣다 보면 자연스럽게 이해가 가고 습득이 가능해진다.

* **이다랑**
  부모와 자녀의 기질·놀이 분석 및 상담 서비스를 제공하는 온라인 육아 전문 기업 그로잉맘을 운영하고 있다. 책 속 심리학 이론과 현실 육아를 결합하여 교육, 강연 및 방송, 잡지 등 다양한 매체를 통해 부모들과 소통하며 고민을 해결해 주고 있다.

1. 유연성을 가져요!

아이와 보드게임을 할 때, 부모들은 대개 사용설명서부터 보고 그대로 하려고 하는 경향이 있다. 그것이 보드게임을 하는 방법이니까. 이다랑 대표는 부모들에게 '과연 아이도 그럴까?'라는 질문을 던졌다.

"아이들의 대부분은 처음 보는 보드게임에 호기심을 보여요. 그래서 보드게임 구성물을 뒤적거리며 이게 뭔지, 저게 뭔지 먼저 탐색하는 시간을 가지려고 하지요. 그런 아이에게 부모가 보드게임 설명서대로 게임 준비를 하려고만 하면 어떻게 될까요?"

당연히 보드게임에 대한 아이의 호감은 반감될 수밖에 없다. 보드게임이 규칙대로 해야 하는 놀잇감이지만, 규칙을 적용하기 전에 아이가 그 규칙을 받아들일 수 있는 여유를 충분히 줘야 한다는 말이다.

　"보드게임의 가장 큰 특성은 놀이 방법, 즉 규칙이 정해져 있다는 거예요. 이 규칙 덕분에, 아이들은 보드게임을 하면서 규칙의 필요성을 깨닫게 되고, 규칙 안에서 상호작용을 하면서 사회성을 배워요. 그런데, 바로 이 규칙이 문제가 되기도 해요."

　때로는 아이가 보드게임의 규칙과는 전혀 상관없이, 자기 마음대로 보드게임을 하고 놀려고 할 수도 있다. 이때 부모들이 가장 많이 하는 생각은 '얘가 친구들과 놀 때도 이러면 어떡하지?' 하는 걱정이다. 이럴 경우, 부모는 어떻게 대처해야 할까? 이 대표는 부모의 유연성을 강조한다.

　"아이가 자기 맘대로 하려고 하면, 그렇게 하게 두세요. 그 방법으로는 게임을 진행할 수 없다는 걸 스스로 깨달을 기회를 주는 거예요. 그런 다음 아이와 규칙대로 게임을 해 보면, 아이는 규칙을 왜 따라야 하는지 자연스럽게 깨닫게 돼요. 그런 아이들이 친구들과 놀 때, 제 방식대로만 하겠다고 우기겠어요? 모든 놀이가 마찬가지지만,

생각지 못한 돌발 상황에 부모가 유연하게 대처하는 것이 무엇보다 중요합니다."

 부모가 아이와 하는 놀이는 대부분 역할놀이다. 그런데 이 역할놀이가 부모에게는 버거운 게 사실이다. 어디로 어떻게 튈지 모르는 아이와 보조를 맞추기가 쉽지 않기 때문이다. 부모들은 명확한 놀이 방법이 있는 보드게임이 역할놀이에 비해 아이와 갖고 놀기 쉽다고 생각한다. 여기서 잊지 말아야 할 게 있다. 아이는 보드게임을 할 때도 어디로 튈지 모른다. 부모는 그런 아이를 무조건 잡아 앉힐 게 아니라, 아이와 함께 튀면서 제자리를 찾는 방법을 알려 줘야 한다.

2. 아이에게 말을 많이 하게 해요!

 아이와 보드게임을 할 때, 부모는 말이 많아진다. 아이에게 보드게임의 규칙을 설명해야 하니 그럴 수밖에 없다. 그러나 규칙에 대한 설명이 어느 정도 되었다면, 그때부터는 부모는 말을 줄여야 한다.

 "특별한 경우가 있을 수도 있겠지만, 기본적으로 말을 많이 하는

사람이 그 상황을 주도하는 경우가 많아요. 특히나 어른과 아이가 함께 있을 때, 어른이 주도하기가 쉽죠. 그런데 부모와 아이가 보드게임을 할 때는 어른과 아이가 게임을 하는 게 아니라, 플레이어 1과 2로서 참여하는 거예요. 동등한 관계인 거죠."

아이가 어떤 선택을 하려고 할 때, 훈수를 두기보다 아이가 선택할 때까지 기다려 본다. 혹은 왜 선택을 망설이는지 아이에게 묻고 아이가 자기 생각을 말할 수 있도록 해 줄 수도 있다. 아이가 규칙에 어긋나는 행동을 했을 때는 부모로서 나무랄 게 아니라, 플레이어로서 항의할 수 있다. 그리고 아이에게 플레이어로서 해명하기를 요구해서 아이의 말문을 열게 할 수 있다.

이런 작용과 반작용이 거듭되면, 아이도 부모처럼 묻고, 항의할 수 있게 된다. 자연스럽게 대화가 이루어지고, 게임은 누군가의 주도가 아닌 함께 운영하는 것이 된다.

3. 아이의 기질을 파악해요!

이 대표는 특히 기질 육아를 강조한다. 기질이란 타고난 품성 혹은 성질을 말한다. 기질 육아는 아이의 기질을 파악해, 아이를 교육하고 훈육하는 육아교육의 한 방법이다. 이 대표는 기질을 크게 다섯 가지 색의 블록으로 나누고 있다.

"빨강, 파랑, 초록, 노랑, 분홍 다섯 블록의 기질이 있어요. 빨강 블록은 새로운 것을 보면 달려드는 행동파예요. 파랑 블록은 그에 반대로 위험을 회피하는 경향이고요. 노랑 블록은 타인의 감정에 민감하지만, 초록 블록은 오감에 예민해요. 분홍 블록은 뭔가에 몰두하고 빠져드는 성향이고요."

아이가 빨강 블록이라고 해서 다른 색깔 블록의 성향이 없다는 뜻은 아니다. 아무리 새로운 것을 보면 막무가내로 달려가는

아이라도 마음 한편에는 혹시나 하는 두려움을 갖기 마련이다. 그러니 '내 아이는 빨강 블록이야.'라는 말보다 '내 아이는 빨강 블록 성향이 강해.'라는 표현이 더 적합하다.

보드게임을 할 때, 내 아이의 성향에 따라 어떻게 놀아 주면 좋을까?

"빨강 블록 성향이 강한 아이들은 부모가 놀아 주기 힘들어하는 편이에요. 새로운 걸 보면 달려드는 성향의 아이는 부모가 못 보던 보드게임을 가져오면 일단 신나죠. 새 놀잇감이니까요. 그런데 보드게임의 규칙에는 별로 관심이 없어요. 제 맘대로 하려는 성향이 강하니까요."

빨간 블록 성향이 강한 아이에게 부모는 어떻게 해야 할까? 무엇보다도 아이에게 너무 많은 규칙을 지키도록 해서는 안 되고, 원칙대로 하기를 기대해서도 안 된다.

그런데 이런 아이들에게 보드게임은 정말 필요한 놀이다. 규칙을 알고 규칙대로 해야 재미있게 놀 수 있음을 깨닫게 해 주는 데 보드게임만 한 게 없기 때문이다. 따라서 빨강 블록 성향이 강한 아이들에게는 일단 보드게임을 제 맘대로 가지고 놀게 하면서, 규칙을 지키지 않고서는 재미있게 놀 수 없음을 깨닫도록 기다려 주라고 이 대표는 조언한다. 아이가 자신의 성향을 조절할 수 있게 보드게임을 하라는 것이다.

"파랑 블록 성향이 강한 아이들은 빨강 블록 성향이 강한 아이들과 정반대예요. 부모가 처음 보는 보드게임을 가져오면 한 걸음 물러서지요. 해 보지 않은 것에 대한 두려움, 승패를 낸다는 것에 대한 불안함이 큰 아이들이거든요."

이 대표는 파랑 블록 성향이 아주 강한 아이에게는 무서운 모형이나 그림이 들어 있거나, 뭔가가 갑자기 팍 튀어나오는 것과 같은 우연 게임을 피하는 것이 좋다고 말한다. 대신 이런 아이에게는 아주 간단하고 명확한 규칙의 보드게임을 권했다. 또 1:1보다는 부모와 혹은 친구와 힘을 합쳐 하는 보드게임이 새로운 놀잇감을 대면했을 때의 두려움이나 불안감을 극복하도록 도울 수 있다고 조언한다.

"다른 사람의 감정에 아주 민감한 노랑 블록 성향이 강한 아이들은 규칙을 잘 지키고, 친구들과도 잘 지내요. 그래서 부모가 보드게임을 가지고 오면, 일단 찬찬히 설명을 듣고 규칙에 따라 게임을 해요. 그런데 이 반응이 꼭 보드게임이 재미있기 때문이 아닐 수도 있어요."

다른 사람의 감정에 민감한 만큼, 노란 블록 성향이 강한 아이는 타인의 눈치를 많이 살핀다. 그래서 부모가 가져온 보드게임이 재미없지만, 부모를 봐서 재미있는 척 할 수 있다는 것이다. 이는 다른 사람과 친밀한 관계를 맺는 것에 대한 욕구가 크기 때문인데, 아이는 보드게임의 재미와 상관없이 보드게임을 하는 시간을 좋아할 가능성이 크다. 이런 아이들에게 보드게임은 혼자서 뭔가를 해내는 경험을 쌓게 함으로써, 타인의 감정에 끌려다니지 않도록 도울 수 있다.

"초록 블록 성향이 강한 아이들은 오감이 민감해서 주변의 자극에도 민감한 아이들이에요. 그래서 요구 사항이 많아요. 아주 까탈스럽다고 느끼게 할 정도지요. 또 요구 조건을 들어주지 않으면 떼를 쓰는 일도 잦아요."

초록 블록 성향의 아이들은 보드게임을 할 때도 민감하다. 그래서 소리를 듣고 맞추거나, 틀린 부분을 찾거나, 혹은 그림 등으로 표현하고 맞히는 것처럼 민감한 감각이 발휘될 수 있는 보드게임을 하면 좋다. 자신의 강점을 활용해 게임을 잘 할 수 있기 때문이다. 그리고 이를 통해 예민하고 까탈스럽기만 했던 아이는 자신감 있는 아이로 변모할 수 있다.

"마지막으로 무언가에 빠져드는 분홍 블록 성향이 강한 아이들은 그만큼 인내력도 가지고 있어요. 이런 아이들은 무언가를 이루려고 하고 완벽해지려고 하지요. 승리욕도 대단해요. 하지만 자기가 못할 것 같은 것에 대해서는 빠르게 포기해요."

이 대표는 이런 성향의 아이에게는 보드게임을 통해, '져도 괜찮다'라는 경험을 많이 쌓게 해 줄 것을 권한다. 이를 위해서는 게임을 한번 끝내는 데 시간이 오래 걸리는 보드게임보다는 빨리빨리 승패가 나는 보드게임이 더 좋다고 한다. 이기고 지기를 수없이 반복하다 보면 승패에 무뎌질 수 있기 때문이다. 또 승부를 내기보다 플레이어들과 뭔가를 함께 만들어가는 보드게임을 하면, 결과보다 과정이 주는 행복감을 체험할 수 있을 것이라고 조언한다.

2.
보드게임, 어떻게 활용해야 효과 볼까?

현서 아빠는 주말이면 두 아이를 데리고 나가기 바빴다. 가까운 서울 근교부터 월미도, 강릉, 저 멀리 통영까지. 정 나갈 수 없을 때는 집과 가까운 중랑천으로라도 나갔다. 현서가 걸음을 뗀 뒤 단 한 주도 주말을 집에서 보낸 적이 없었다고 했다. 이유를 물었더니, '집에서 아이에게 시달리는 것보다 운전하는 게 낫다.'라고 했다. 하지만 언제부터인가, '주말을 이렇게 보내는 게 맞나?', '이게 정말 아이와 함께 시간을 보내는 건가?' 하는 회의가 들었다고 했다.

그런 현서 아빠가 요즘은 아이와 보드게임을 하며 주말을 보내고 있다. 솔직히 보드게임은 코로나19로 주말 외출이나 여행이 불가능해져서, 어쩔 수 없이 선택한 대안이었다. 그런데 이 대안은 예상하지 못한, 탁월한 선택이었다. 현서 아빠는 보드게임을 통해, 아이와 함께하는 방법을 찾을 수 있었다고 했다.

처음에는 현서 아빠도 보드게임 제품 안에 들어 있는 설명서에 의존했다. 설명서를 꼼꼼하게 보면서 게임 방법을 습득한 뒤, 아이들에게 설명해 주고는 몇 차례 게임을 되풀이했다. 아빠 본인은 물론 아이 둘도 게임 룰에 익숙해지자 승부욕이 발동했다. '오늘은 져 줘야지.'하고 시작했다가도 게임을 하다 보면 현서 아빠는 이기는 데 몰두했다. 매번 아빠가 이기자 현서도 승리욕을 불태우며 계속 게임을 하자고 덤벼들었다. 하지만 현서 동생은 자기가 항상 꼴찌라며 게임이 재미없다고 토라졌다. 현서 아빠는 현서 동생처럼 지루해하는 아이를 위해 같은 게임이라도 더 재미있게 할 수 있는 방법을 찾고 있다.

이 장은 현서 아빠와 같은 부모님들에게 구체적인 도움을 주고자 구성했다. 보드게임을 구매하면, 우선 설명서를 보며 게임을 하게 마련이다. 물론 이대로만 해도 보드게임을 재미있게 즐길 수 있다. 하지만 조금만 더 나아가 보자. 살짝만 응용해도, 아이의 의사소통 능력과 사회성을 키우고, 정서를 발달시키는 데 더 큰 도움을 줄 수 있다. 보드게임 마니아들이 직접 해 보고 알려 주는 응용 비법을 통해 보드게임을 더 재미있게, 그리고 더 효과적으로 활용해 보자.

표현력을 키워 주는
'공룡은 보석을 좋아해'

'공룡은 보석을 좋아해'는 플레이어마다 각자가 선택한 반짝이 타일과 같은 색깔의 보석을 모으는 수집 게임으로 많이 모으는 플레이어가 이긴다.

얼음 기둥 속에 있는 보석을 갖고 싶어 하는 아기공룡들의 이야기를 들려주면 아이의 상상력을 자극하고 게임에 참여하도록 이끌 수 있다. 또 아기공룡에게 보석을 꺼내 주기 위해 입에서 뜨거운 불을 내뿜는 아빠공룡의 소리와 동작을 흉내 내며 표현력을 기를 수 있다. 약간의 운이 필요한 간단한 게임으로, 만 5세 이상의 플레이어 2~4명이 함께 할 수 있다.

게임 방법

1 플레이어들은 각자 다른 색깔의 아기공룡을 선택한다.

2 가장 용감한 플레이어가 아빠공룡을 가져와서 시작하고, 시계 방향의 순서로 진행한다. 그리고 보석 타일은 1개씩 선택한다. (라운드마다 보석 타일을 다시 선택할 수 있다.)

3 아빠공룡을 가진 플레이어는 "얼음이 녹는다!"라고 말하면서 게임판 중앙에 있는 아이스링 1개를 들어 올린다.

4 아이스링에서 떨어진 보석 중 자신이 가진 보석 타일과 같은 색깔의 보석을 가져온다. 이때 가져온 보석은 자기 공룡 뒤에 있는 구멍에 넣어 보관한다.

5 마지막 아이스링을 들어 올리고, 보석을 모두 나눠 가지면 게임이 끝나고, 가장 많은 보석을 모은 플레이어가 승리한다.

색다르게 놀아 봐요

아이가 어릴수록 게임을 시작할 때 선택한 보석 타일을 끝날 때까지 바꾸지 않고 게임을 한다. 아이가 게임에 익숙해지면 보석 타일을 뒤집어 놓은 상태에서 선택하여 누가 어떤 색깔의 보석을 모으는지 알 수 없게 할 수 있다.

또한 표현력을 길러 줄 수 있는 여러 가지 응용 방법으로 게임을 더 재미있게 즐길 수 있다.

응용 1 : 역할 놀이 즐기기

이 게임에는 흥미로운 게임 스토리와 공룡 피규어, 형형색색의 보석, 신비한 동굴인 게임 상자 등 역할 놀이를 즐길 수 있는

구성품이 있다.

❶ 게임 스토리 듣기

구성품을 이용해 부모가 먼저 게임 스토리를 들려준다. 이후 게임을 반복하며 자연스럽게 아이와 대화를 주고받고 그 과정에서 새로운 게임 스토리를 만들며 이야기 영역을 확장해 나갈 수도 있다.

> 귀여운 아기공룡들은 흥미진진한 모험을 통해 아주 희귀한 보석을 찾았어요. 그런데 이 보물들이 얼음 기둥 속에 꽁꽁 얼어 있네요! 얼어 있던 보석을 가져갈 수 없었던 아기공룡들은 아빠공룡의 도움을 받았어요. 아빠공룡이 내뿜는 불에 얼음이 녹아 반짝이

는 보석들이 떨어지기 시작했어요. 아기공룡들은 보석들을 각자 자신의 동굴로 가지고 가요. 어떤 공룡이 가장 많은 보석을 동굴에 모을 수 있을까요?

응용 2 : 내가 만약 공룡이라면?

❶ 아빠공룡 흉내 내기

"아빠공룡은 어떻게 얼음 기둥을 녹일 수 있었을까?", "아빠공룡은 어떻게 움직일까?", "아빠공룡이 불을 뿜을 때는 어떤 모습으로 어떤 소리를 낼까?"와 같이 공룡을 흉내 낼 수 있는 질문을 던지며 아이와 함께 몸으로 공룡을 표현한다.

❷ 다양한 공룡 친구들

공룡이 주제인 책이나 영상, 피규어와 같은 놀잇감을 이용하여 공룡의 생김새와 종류에 관심을 가진다. 대표적인 공룡들의 특징과 움직임을 표현하며 다양한 방법으로 몸을 움직이며 대근육 발달을 돕는다. 공룡과 관련된 노래를 활용하면 아이가 놀이에 더 몰입할 수 있고, 노랫말 속 의성어와 의태어로 공룡의 특징을 익힐 수도 있다. 놀이를 풍부하게 만들어 주는 예는 다음과 같다.

－높은 나무 위에 달린 나뭇잎을 먹는 브라키오사우루스

－쿵쿵 걸어 다니며 다른 동물들을 잡아먹는

무시무시한 티라노사우루스

－커다란 새처럼 날개를 펄럭이며

하늘을 날아다니는 프테라노돈

－코뿔소를 닮은 뿔을 가진

커다란 몸집의 스테고사우루스

－단단한 뼈로 된 곤봉 모양의 꼬리로

적들을 물리치는 안킬로사우루스

정서 발달을 돕는 '레이싱카'

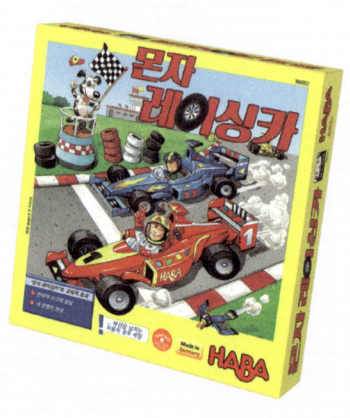

 '레이싱카'는 여섯 개의 주사위를 굴려서 나온 색깔들을 조합해서 자신의 자동차를 빠르게 이동시키는 자동차 경주 게임이다.

 동일한 색깔을 매칭하며 일대일 대응 능력을 키울 수 있고, 주사위의 색깔을 유리하게 사용하는 과정을 통해 논리적 사고력을 기르는 데 도움을 준다. 무엇보다도 이 게임은 승패가 확실한 게임이다. 이기는 것에 익숙한 아이들에

게 게임에서 지는 것은 낯선 경험이다. 게임에서 승리했을 때 기쁨을 느끼고 축하를 받는 것도 좋지만, 실수나 실패했을 때 혹은 게임에서 패배했을 때의 내 기분이 어떤지를 알고, 그 감정을 해소하는 것도 아이가 겪어 봐야 할 소중한 경험이다. 내 기분과 감정을 알고 잘 조절하는 아이들이 다른 사람의 마음에도 진심으로 공감할 수 있기 때문이다.

만 5세 이상의 플레이어 2~6명이 함께 할 수 있다.

게임 방법

1 각자 자신의 자동차를 선택해서 게임판의 출발점에 놓는다.
2 가장 어린 플레이어가 주사위 6개를 한 번에 던지며 시작하고, 시계 방향으로 진행한다.

3 주사위에 나온 색깔과 같은 색깔의 칸으로 자동차를 이동시킨다. 이때 자동차는 앞으로만 이동할 수 있고, 자신의 자동차가 있는 칸에 맞닿아 있는 바로 옆 차선으로는 추월할 수 있다.

4 먼저 결승점을 통과하는 플레이어가 승리한다.

아이의 감정을 다스려 봐요

응용 1 : 게임에서 졌을 때 아이의 행동 살펴보기

경쟁을 두려워하고, 실패 경험에 대한 감정 조절을 힘들어하는 아이들은 다음과 같은 행동 양상을 보이기도 한다.

- 자신에게 불리해지면 "재미없어"라는 말을 자주 한다.
- 이기기 위해 반칙을 하거나 룰을 바꾸려고 한다.
- 나중에 다시 그 게임을 하자고 하면 피하거나 포기한다.
- 울음을 터트린다.
- 화를 조절하지 못해 크게 소리 지르거나, 게임 구성품을 던지는 등의 과격한 행동을 한다.

아이들이 이러한 행동을 보이는 것은 게임을 하는 동안 느꼈던 긍정적인 재미보다 게임에서 진 것에 대한 부정적인 감정을 더 크게 느끼거나, 화가 나고 속상한 기분을 다스리는 방법에 익숙하지 않기 때문이다.

응용 2 : 아이가 눈치채지 못하도록 적당히 져주기

　아이와 달리기 시합을 할 때, 발소리만 크게 내고 아이보다 한 발 늦게 도착한 경험은 부모라면 누구나 한 번쯤 있을 것이다. 혹은 잡기 놀이를 하면서 부모가 술래 역할을 맡아 일부러 넘어지며 아슬아슬하게 못 잡은 적이 있을 것이다. 보드게임에서도 마찬가지로 적용해 보는 것은 어떨까? 우리 아이가 유난히 승부에 집착하고 승리욕이 강하다면 은근슬쩍 져 주면서 아이에게 승리의 기쁨을 맛보게 하고, 성취감을 느끼게 해 준다. 하지만 승리의 경험만을 준다면 아이는 여전히 승부에 집착할 것이다. 그래서 게임에서 진 부모의 반응이 중요하다.

　- 엄마는 게임에서 졌지만 이 게임 정말 재미있었어!
　- 게임에서 졌지만 괜찮아. 다음에는 아빠가 더 잘해야지!
　- 에이, 아쉽다. 게임에서 졌네. 하지만 우리 ○○이가 게임에서 이긴 것을 축하해! 정말 잘하던걸~ 대단해!

　아이는 이러한 부모의 반응을 보면서 게임에서 졌을 때의 화가 나고 속상한 감정을 처리하는 방법을 배우게 된다.

응용 3 : 축하하고 위로하기

　게임의 승패가 결정되고 난 후 게임에서 이긴 사람은 진 사람을 위로해 주고, 게임에서 진 사람은 이긴 사람을 축하해 준다.
　아이가 게임에서 져서 속상해한다면 진심으로 함께 속상해하고 있다는 마음을 전해 준다. "게임에서 져서 정말 속상하지? 그래도 아까 주사위를 잘 굴려서 여섯 칸이나 움직인 건 정말 대단하더라. 다음에는 더 잘해서 꼭 이길 수 있을 거야.", "○○이가 속상해하는 모습을 보니 엄마 아빠도 정말 속상해. 우리 다음에 게임을 할 때는 이번보다 더 잘 할 수 있게 또 도전해 보자!"라고 말하며 마음을 달래 준다. 그리고 게임에서 이긴 사람에게 축하의 말 한마디를 건네게 하면 모두가 기분 좋게 게임을 마무리할 수 있다.

신체 조절 능력을 키워 주는 '동물 쌓기'

'동물 쌓기'는 주사위를 굴려서 나온 결과에 따라 동물 블록을 피라미드처럼 조심스럽게 쌓아 올리는 신체 기능 훈련 게임이다.

동물 블록이 무너지지 않도록 쌓기 위해서는 주의 집중력이 필요하다. 그뿐만 아니라 손가락의 움직임과 힘의 세기를 미세하게 조절할 수 있어야 하기에 소근육 및 눈과 손의 협응력 발달에 도움이 된다. 동물 블록들은 모두 곡선이며 나무 재질이라 촉감이 좋고 아이가 손에 쥐기 알맞은 크기다. 플레이어들이 쌓아

올릴 때마다 매번 색다른 동물 탑이 생겨서 그 모양을 살펴보는 재미도 쏠쏠하다.

만 4세 이상의 플레이어 2~4명이 함께 할 수 있다.

게임 방법

1 각 플레이어들은 다른 종류의 동물 블록 7개를 자신의 앞에 놓는다.

2 홍학처럼 한 발로 서 있기 게임을 해서 가장 오래 서 있는 플레이어부터 시작한다. 그다음은 시계 방향으로 진행한다.

3 자기 차례가 되면 주사위를 굴려서 나온 결과에 따라 다음과 같이 자기 동물 블록을 쌓는다.

- 점 1개 : 동물 1개
- 점 2개 : 동물 2개
- 악어 : 동물 1개를 악어의 꼬리나 입에 닿게 놓는다.
- 손 : 자기 동물 중 1개를 다음 플레이어에게 준다.
- 물음표 : 다른 플레이어가 어떤 동물을 쌓을지 정해준다.

4 쌓아 놓은 동물들이 무너진다면, 떨어뜨린 플레이어가 떨어진 동물 중 2개를 가져와야 한다.

5 자신이 가진 모든 동물을 가장 먼저 동물 피라미드 위에 쌓은 플레이어가 승리한다.

색다르게 놀아 봐요

동물 블록을 쌓을 때의 기본 규칙은 한 손으로 쌓는다는 것이다. 하지만 어린 연령의 플레이어들이 게임을 한다면 두 손을 사용해서 쌓기로 룰을 쉽게 바꾸어도 무방하다. 또한 게임에 익숙한 플레이어들이 게임을 하는 경우, 각자 가져가는 동물의 개수를 늘리거나, 쌓아 놓은 동물이 떨어졌을 때 떨어뜨린 플레이어가 가져가는 동물의 개수를 더 늘려서 난이도와 게임 속도를 조절할 수 있다.

응용 1: 분류하여 쌓기

이 게임의 동물 블록들은 같은 동물이 같은 색깔로 4개씩 있다. (악어 제외) 같은 모양, 같은 색깔로 분류하여 다양한 방법으로 쌓으며 높이를 비교할 수 있고, 더 나아가 어떤 동물의 모양이 쌓기에 더 유리한지에 대한 전략적인 사고를 할 수 있다.

❶ 동물 분류하기

8가지의 동물들을 같은 동물끼리 분류하여 모아 둔다. 모양에 따라 분류하거나, 색깔로 구분하여 분류하는 방법이 있다. 어떤 동물들이 있는지 살펴보며 자연스럽게 동물의 특징을 표현해 보는 것도 재미있는 놀이 방법의 하나다. (펭귄처럼 뒤뚱뒤뚱 걸어보기, 뱀처럼 꿈틀꿈틀 기어가기, 원숭이처럼 네 발로 걷기 등)

❷ 같은 동물끼리 쌓기

가위, 바위, 보를 하여 이긴 사람이 원하는 동물 한 종류를 먼저 선택하고 같은 동물끼리 쌓는다. 이때 어떤 동물을 가져가야 쌓을 때 유리할지를 고려해 본다. 예를 들면 길쭉한 모양의 뱀은 서로 겹쳐서 쌓기에 큰 어려움이 없지만, 커다란 부리를 가진 펠리컨은 같은 동물끼리 쌓기가 쉽지 않을 수 있다.

❸ 흰색 vs 연두색

흰색으로 된 동물 2종(양, 펭귄)과 연두색으로 된 동물 2종(사자, 뱀)으로 분류하고, 나머지 동물은 따로 둔다. 흰색 팀과 연두색 팀으로 나누어 어떤 색깔의 동물을 쌓을지 선택한다. 팀을 나누었다면 같은 색깔의 동물끼리 무너지지 않도록 쌓는다.

응용 2: 색깔대로 쌓기

❶ 동물 색깔 패턴

동물의 색깔로 패턴을 만들어 평면으로 제시한다. 아이가 그 색깔의 순서대로 나무 동물을 가져와서 입체로 쌓는다. 어느 위치에 쌓아야 무너지지 않는지를 생각하며 무게 중심의 원리를 경험할 수 있고, 무너뜨리지 않기 위해 조심스럽게 손가락의 힘 조절을 하며 원하는 위치에 쌓을 수 있다.

❷ 색깔 순서로 쌓기

색깔 네모를 그려 제시한다. 네모가 쌓여 있는 순서와 모양에 맞게 동물을 쌓는다. 쌓은 동물에서 제외된 동물이 있는지 찾아보며 관찰력을 기를 수도 있다.

감정 조절 능력을 키워 주는 '박스 몬스터'

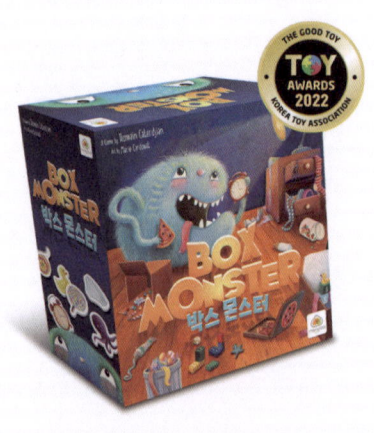

 '박스 몬스터'는 이것저것 삼키는 바람에 탈이 난 몬스터를 함께 치료해 주는 콘셉트의 보드게임이다.
 여러 가지 모양의 물건 타일을 모두 박스 안에 넣은 뒤, 숫자가 쓰여 있는 엑스레이 카드에 나온 물건을 박스에서 찾아내야 한다. 물건 타일은 모두 박스 안에 있기 때문에, 플레이어는 손의 촉감으로만 물건을 찾아야 한다. 그런데 나만 찾으면 되는 것이 아니다. 다른 플레이어가 찾을 때까지 기다렸다 동시에 꺼내야 한다. 찾았을 때는 신이 나는 감정을 추슬러야 하고, 못 찾았을 때의 초조함도 극복해야 한다.

플레이어 2~4명이 함께 하기 좋은 게임으로, 2명이 할 때는 각각 2개의 구멍에 손을 넣고, 3명이 할 때는 한 명이 2개의 구멍에 손을 넣고 게임을 하면 된다. 만 5세 이상 어린이가 즐기기에 좋다.

게임 방법

1 박스 몬스터 안에 물건 타일을 모두 넣고 잘 흔들어 섞는다. 알약 타일과 모래시계는 옆에 둔다.

2 엑스레이 카드는 색깔별로 분류해 둔다. 1, 2, 3이 쓰인 카드가 3장씩인데, 색깔별로 1, 2, 3이 되도록 3세트를 만들어 1이 제일 위에 오도록 둔다.
- 파란색이 가장 쉽고, 노란색, 분홍색 순으로 난이도가 높아진다.

3 가장 쉬운 파란색 엑스레이 카드 가운데 1이 쓰인 카드를 뒤집는다. 동시에 모래시계도 뒤집는다.
- 모래시계는 1분 30초를 잰다.
- 파란 엑스레이 카드 1에는 물건이 하나 그려져 있다. 이 물건을 찾은 뒤, 박스에서 동시에 빼내면 된다.
- 모두 잘 찾았으면, 파란 엑스레이 카드 2를 뒤집는다. 이 카드에는 물건이 2개 그려져 있다. 이 물건을 하나씩, 2번 찾는

다. 이때 어떤 물건을 먼저 찾을지 이야기를 나눠, 모두가 같은 물건을 순서에 맞춰 찾아야 한다.
- 2번 물건을 다 찾았으면, 3번 엑스레이 카드를 뒤집는다. 3번 엑스레이 카드에는 물건이 3개 그려져 있다. 이 물건들을 어떤 순서로 찾을지 이야기를 나눈 뒤, 순서에 맞춰 물건을 찾아야 한다.
- 한 사람이라도 찾기로 한 물건과 다른 물건을 찾으면, 모두 자신이 찾은 물건을 박스 몬스터에 넣고 다시 찾아야 한다.

4 1~3단계를 통과하면, 성공이다.
- 1~3까지 물건을 다 찾지 못했는데 모래시계의 모래가 다 떨어진다면, 알약 하나를 박스 몬스터에 집어넣고 모래시계를

뒤집어 1분 30초를 더 쓸 수 있다.

5 파란 엑스레이 카드가 쉬워지면, 노랑, 분홍 순으로 엑스레이 카드에 도전한다.

- 노란 엑스레이 카드는 물건의 형태를 보고 물건을 찾아야 하며 플레이어들이 서로 대화를 할 수 없도록 룰의 난이도를 높였다.
- 분홍 엑스레이 카드는 순서에 맞게, 최대 5개까지 물건을 찾아야 해서 어렵다.

게임이 더 재미있어지는 *Tip* !

1 게임을 할 때, "몬스터가 아무거나 집어삼켜서 배탈이 났나 봐! 우리가 몬스터를 도와주자!"와 같은 말로 스토리를 부여하면, 아이의 몰입감을 높일 수 있다.

2 게임을 시작하기 전, 아이와 함께 물건 카드를 충분히 탐색한다. 로봇과 문어, 불가사리와 별처럼, 형태가 비슷한 물건들이 있기 때문이다. 그 물건들을 구분할 수 있는 방법을 찾도록 해 준다.

3 이 게임은 '함께 찾아내기'다. 자기가 찾았다고 신이 나서 박스에서 먼저 물건을 빼거나 아직 찾지 못한 플레이어를 타박하지 않아야 한다. 이를 통해 감정을 조절하고 협업하는 능력을 키울 수 있다.

색다르게 놀아 봐요

응용 1: 난도를 높여가기

- 앞서 설명했듯이 파랑, 노랑, 분홍 순의 엑스레이 카드 색으로 난이도를 높일 수 있다.
- 게임 시간을 조절해서도 난이도를 높일 수 있다.

박스 몬스터가 배고파요

게임 시작 전, 아이에게 게임 콘셉트를 '배고픈 몬스터에게 밥 주기'라고 설명해 준다. 몬스터답게 이상하고 특별한 것만 먹는다고 하면서 상상력을 북돋는다.

❶ 단계: 보고 찾기

- 물건마다 하나씩 가질 수 있게 물건 카드를 나누어 갖는다.
- 각 플레이어는 자기 앞에 물건 카드의 물건이 보이도록 늘어놓는다. 엑스레이 카드는 파란 엑스레이 카드만 사용한다.
- 게임을 시작하면, 가장 어린 플레이어가 엑스레이 카드를 뒤집는다. 그러면 각 플레이어는 자기의 물건 카드에서 엑스레이 카드와 같은 물건을 눈으로 찾는다.
- 찾은 사람은 손을 들고, 모두가 다 찾으면 가장 먼저 찾은 사람이 "몬스터!" 하고 소리를 치고, 모두가 함께 "배고프지?" 하며 박스 몬스터에 찾은 물건을 넣는다.

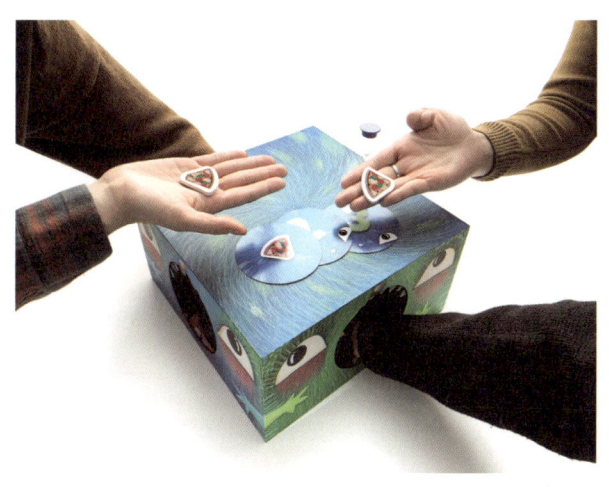

❷ 2단계: 뒷모습으로 찾기

1단계와 게임 방법은 같다. 단. 물건 카드를 뒤집어 놓아, 형체만 보고 알맞은 물건을 찾도록 난이도를 높인다.

응용 2: 난이도 낮추기

나이가 어리거나, 물건 찾기를 어려워하는 아이에게는 게임의 콘셉트를 바꿔, 난이도를 낮출 수 있다.

박스 몬스터가 갖고 싶은 게 생겼어요

게임 시작 전, 아이에게 '박스 몬스터에게 선물하기'라는 콘셉트라고 설명하고, "몬스터는 선물로 무엇을 받고 싶어 할까?"라고 물으며 게임을 시작한다.

❶ 박스 몬스터 박스 안에 노란 엑스레이 카드를 넣는다. 그리고 물건 카드를 종류별로 1개씩 가질 수 있도록, 물건 카드를 나누어 갖는다.

❷ 가장 어린 플레이어가 박스 몬스터 박스 안에서 노란 엑스레이 카드를 한 장 꺼낸다. 그러면 각 플레이어는 자기의 물건 카드에서 엑스레이 카드와 같은 물건을 눈으로 찾는다.

❸ 찾은 사람은 손을 들고, 모두가 다 찾으면 가장 먼저 찾은 사람이 "몬스터!" 하고 소리를 치고, 모두가 함께 "선물이야!" 하면서 박스에 찾은 물건을 넣는다.

❹ 박스에 넣은 물건을 꺼내, 엑스레이 카드와 맞춰 본다. 맞으면 선물하기 성공이고, 다른 물건 카드가 있으면 실패다.

❺ 누구 때문에 실패했는지, 따져도 되고 덮어도 된다.

의사소통 능력을 키워 주는 '과수원 까마귀'

'과수원 까마귀'는 호시탐탐 과일을 노리는 까마귀 퍼즐이 완성되어 까마귀가 과일을 모두 먹어 버리기 전에 과일나무에 열린 사과, 배, 체리, 자두를 수확하는 게임이다.

색깔과 모양에 따라 과일을 분류할 수 있고, 플레이어가 모두 한 팀이 되어야 하기 때문에 사회성과 협동심도 기를 수 있다. 다 같이 게임에서 승리하려면 어떤 과일을 따서 모을지, 까마귀 퍼즐 조각을 어디에 맞춰야 하는지에 관해 이야기하면서 의견을 잘 조율할 수 있어야 한다. 그러기 위해서는 내 생각을 다른 사람들에게 분명하게 전달할 수 있어야 하고, 다른 사람의 의견도

귀 기울여 경청해야 한다.

출판된 지 25년이 지나도록 여전히 사랑받고 있는 하바HABA를 대표하는 게임 중 하나로 만 3세 이상의 플레이어 1~8명이 함께 즐길 수 있다.

게임 방법

1 각 플레이어는 바구니를 하나씩 나누어 가진다.
2 가장 어린 플레이어가 주사위를 굴리며 게임을 시작하고, 시계 방향으로 진행한다.
3 주사위에 나온 결과에 따라 다음과 같이 행동한다.

- 색깔 : 같은 색깔의 과일 1개 따서 모으기
- 바구니 : 원하는 과일 2개 따서 모으기
- 까마귀 : 퍼즐 조각 1개 맞추기

4 까마귀 퍼즐이 완성되기 전에 모든 과일을 수확하면 다 함께 승리하고, 까마귀 퍼즐이 먼저 완성되면 까마귀가 승리한다.

색다르게 놀아 봐요

응용 1: 과수원 세 고개 (엄마 또는 아빠와 아이 2명이 할 수 있다)

'과수원 까마귀'에 있는 과일 4종의 이름과 맛, 색깔, 모양 등을 탐색하고 질문을 통해 어떤 과일인지 알아맞힌다. 상대방의 손에 숨겨진 과일이 무엇인지 유추하기 위해서는 내가 궁금한 것을 분명하게 질문해야 하고, 상대방의 대답을 정확하게 파악할 수 있어야 한다. (다음의 엄마 역할과 대화 예시는 아빠가 해도 된다.)

❶ 모든 과일을 주머니에 넣어 준비한다.

❷ 엄마가 주머니에 손을 넣어 과일 1개를 선택하고 아이가 보지 못하도록 과일을 손에 꼭 쥔다.

❸ 아이는 엄마의 손에 어떤 과일이 있는지 맞히기 위해 '예, 아니요'로만 대답할 수 있는 3개의 질문을 할 수 있다.

예) 첫째 고개 – 아이 : 빨간색인가요?

　　　　　　 엄마 : 네.

　둘째 고개 – 아이 : 길쭉한 모양인가요?

　　　　　　 엄마 : 아니요.

　셋째 고개 – 아이 : 먹을 때 사각사각 소리가 나나요?

　　　　　　 엄마 : 네.

❹ 3개의 질문을 모두 마친 후, 아이는 어떤 과일인지 유추하여 과일의 이름을 이야기한다.

예) 아이 : 정답은 '사과'입니다.

❺ 엄마와 아이가 역할을 바꾸어 질문과 대답을 하며 반복한다.

응용 2: 모두 몇 개일까? (여러 명이 함께 즐길 수 있다.)

플레이어들은 각자 바구니 1개에 원하는 과일을 5개씩 넣은 다음, 바구니를 들고 자유롭게 돌아다닌다. 이때 아이들이 좋아하는 노래 2~3곡을 틀어 놓고, 노래가 끝날 때까지 돌아다니다가 만나는 사람과 가위, 바위, 보를 한다. 무슨 노래를 틀고 놀이할지, 몇 곡의 노래가 나오는 동안 놀이할지를 아이와 함께 정하며 서로의 의견을 존중하며 조율한다. 노래가 시작되면 놀이도 시작한다. 가위, 바위, 보에서 진 사람은 이긴 사람에게 자신의 바구니에 있는 과일 중 1개를 준다. 노래가 모두 끝난 후 각자 자신의 바구니에 들어있는 과일 개수를 세어 확인한다. 과일을 가장 많이 모은 사람이 가진 과일의 개수만큼 손뼉을 치며 축하해 준다.

사회성을 키워 주는 '보물의 섬, 카루바'

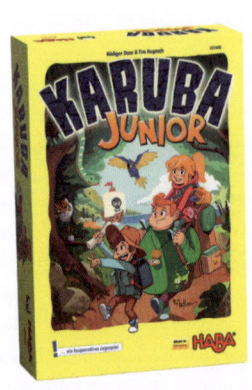

'보물의 섬, 카루바'는 신비의 섬인 카루바를 찾아간 모험가들이 해적들보다 먼저 보석을 찾기 위해 길을 이어가면서 3개의 보물 상자를 찾는 협동 게임이다.

보물 상자를 찾는다는 공동의 목표를 이루기 위해 이견을 조율하면서 사회성과 협동심을 기를 수 있다. 게임에 참여한 모든 플레이어가 함께 계획을 세우며 협력해야만 한다. 이러한 협동 게임은 게임을 하는 동안 긴장감을 같이 느낄 수 있고, 승패를 함께 축하하거나 위로해 주기를 통해 정서적인 유대감과 사회성 강화에도 도움을 줄 수 있다.

만 4세 이상의 플레이어 1~4명이 함께하는 게임이다.

게임 방법

1 가장 나이가 어린 플레이어가 먼저 시작하고, 시계 방향으로 진행한다.
2 자신의 차례가 되면 원하는 정글 타일 1개를 뒤집는다.
   - 길이 나온 경우, 게임판의 땅 또는 길과 연결하여 놓는다.
   - 호랑이가 나온 경우, 연결된 길에 호랑이 타일이 이어지도록 놓는다.
   - 보물이 나온 경우, 바다에서부터 끊어지지 않고 이어져 온

길 끝에 놓고, 모험가 피규어 1개를 올려놓는다.
- 해적선이 나온 경우, 타일에 있는 배의 개수만큼 해적선을 땅 쪽으로 옮긴다.

3 해적선이 땅에 도착하기 전에 정글 타일로 길을 연결하여 보물 3개를 모두 획득하면 다 함께 승리한다.

하지만 더 이상 정글 타일을 놓을 수 없거나, 보물 3개를 다 찾기 전에 해적선이 바닷가의 마지막 칸에 도착하면 다 함께 패배한다.

색다르게 놀아 봐요

응용 1: 비밀 지도 만들기

직선 길, 곡선 길, 교차로 타일을 이용하여 길이 이어지도록 연결하면서 보드게임을 퍼즐 놀이로 바꿔서 즐길 수 있다. 퍼즐 놀이는 문제해결 능력과 공간지각 능력 발달에 도움을 준다. 여럿이 함께한다면 길을 어떻게 놓아야 이어질 수 있는지에 대해 의논하고, 의견을 조율하는 과정 또한 경험하게 된다.

❶ 길을 찾아라!

직선 길, 곡선 길, 교차로 타일을 1개씩 가져와서 길을 연결한다. 길이 잘 연결되었으면 길의 끝에 보물 타일을 놓을 수 있다.

❷ 지도 만들기

길 타일을 똑같이 나누어 가진다. 호랑이 흉내를 가장 잘 내는 사람이 먼저 자신의 타일 중 1개를 놓는다. 그다음 사람은 앞사람이 놓은 길 타일에 연결될 수 있는 타일을 놓는다. 만약 연결될 수 있는 타일이 없다면 게임에서 탈락한다. 가장 마지막까지 남은 플레이어가 승리한다.

응용 2: 오른쪽 왼쪽

길을 연결하거나 보물을 향해 모험가를 이동시키려면 공간지각 능력과 방향 감각이 필요하다. 길이 어느 방향으로 향하는지 설명해 보는 것으로도 위치와 방향을 익힐 수 있고, 신체의 움직임을 통해 '오른쪽/왼쪽'이라는 방향을 더 쉽고 효과적으로 익힐 수 있다.

❶ 오른손 올려요! 왼발을 돌려요! (엄마 또는 아빠와 아이 2명이 할 수 있다)

엄마(또는 아빠)와 아이가 마주 보고 앉아서 엄마(또는 아빠)가 말하는 방향의 신체를 아이가 들어 올린다. "오른손!"이라고 말하면 오른쪽 손을 위로 높이 든다. 만약 오른쪽과 왼쪽을 아직 구별하기 어려워하는 아이라면, 오른쪽 옷소매만 걷어 올려주거나, 오른쪽 손목에 리본을 묶어서 시각적으로 쉽게 구분할 수 있도록 도와준다. 속도와 횟수를 조절해서 게임을 하고, 익숙해졌다면 '호키포키' 노래에 맞춰 오른쪽, 왼쪽으로 신체를 움직여 본다.

❷ 점프 점프! (여러 명이 즐길 수 있다)

바닥에 훌라후프, 방석, 마스킹 테이프 등으로 칸을 표시한다. 각자 원하는 칸 안에 들어가서 선다. 게임 마스터가 "오른쪽!"이라고 말한 후 "하나, 둘, 셋!" 신호를 주면 모두 함께 오른쪽 칸으로 점프해서 옮겨 간다. 같은 방법으로 "왼쪽!"이라고 외치고 "하나, 둘, 셋!" 신호를 주면 모두 함께 왼쪽 칸으로 점프해서 옮겨 간다. 여러 명이 같이 놀이하는 경우 옆 사람과 서로 부딪히지 않기 위해서는 모두 같은 방향으로 움직여야 한다는 것을 기억한다.

3.
보드게임으로
공부머리도
키운다

 학부모 상담을 하다 보면 아이가 산만해서 걱정이라고 호소하는 부모가 많다. 그중 한 어머니께 아이의 놀이에 대해 관찰하고 설명해 달라고 해 봤다. 소꿉장난하는가 싶어 보면 소꿉은 모두 뒤엎어 버리고 인형을 던지며 놀거나, 책을 읽나 싶어 보면 가만히 앉아 진득하게 보질 못하고 한 장 보고는 다른 책을 집어 들기 일쑤라고 한다. 이제 슬슬 한글도 깨쳐야 할 나이인데……, 아이의 공부머리가 걱정이라는 한탄 수준의 푸념까지 이어졌다.

이런 상황에 공감이 가는 부모라면, 앞서 언급했던 화투와 트럼프를 이용해 아이의 계산 능력을 키웠다는 사례나, 힐러리 클

린턴이 어려서부터 보드게임을 통해 수학 능력을 키웠다는 이야기에 혹했을 것이다. 맞다. 보드게임은 아이들의 공부머리를 키우는 데 도움이 되는 놀잇감이다.

그런데 어떻게 해야 보드게임으로 아이의 공부머리를 키울 수 있을까? 물론 보드게임 가운데는 처음 기획 단계부터 어휘력, 계산 능력 등을 키워 주기 위해 만들어진 것도 많다. 하지만 그런 목적으로 만들어지지 않았더라도, 공부머리를 키우는 데 도움이 되는 보드게임은 얼마든지 있다.

이 장에서는 어휘력과 집중력, 계산력과 사고력, 탐구력 등을 키우는 데 좋은 보드게임을 찾아, 아이와 어떻게 가지고 놀면 공부머리를 키우는 데 도움이 되는지 알아보려 한다. 각 보드게임 설명서에 나오는 방법은 물론, 더 재미있게 혹은 효과적으로 놀이할 수 있는 팁이나 설명서에서는 나오지 않은 전문가들이 추천하는 응용 방법까지 함께 제시했다.

어휘력을 키워 주는 '라온'

라온은 '즐거운'이라는 뜻을 가진 순우리말이다. '라온'은 게임 이름에 걸맞게, 한글 공부와 어휘력을 즐겁게 키울 수 있는 대표적인 보드게임이다.

당연히 단어를 많이 알고, 언어 지능이 뛰어난 사람이 게임을 할 때 유리하다. 하지만 이제 막 한글을 배우기 시작한 어린아이들도 얼마든지 재미있게 가지고 놀 수 있다.

또 '라온 더하기', '라온 주사위', '라온 채우기', '라온 한 줄', '종이 라온' 등의 다양한 버전이 있어 골라서 즐길 수 있다. 만 5세 이상의 플레이어 2~4명이 즐겁게 게임을 할 수 있다.

게임 방법

1 단어 많이 만들기

-자음과 모음 타일을 잘 섞은 다음, 자음 타일 11개, 모음 타일 9개를 무작위로 가져온다.

-자신의 타일로 되도록 많은 단어를 만든다. 이때 가로세로로 연결해 만들 수 있다.

-글자 수에 따라 정해진 점수를 매기고 더해, 가장 높은 점수를 낸 사람이 승리한다.

2 긴 단어 만들기

-무작위로, 자음 타일 14개를 2개씩 2줄, 모음 타일 10개를 5개씩 2줄로 늘어놓는다.

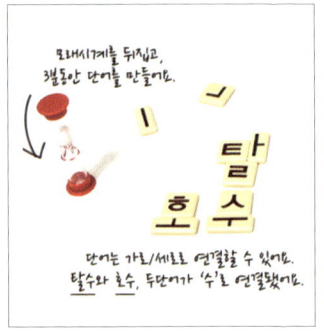

-24개 타일로 만들 수 있는 가장 긴 단어를 생각한 뒤, 그 단어에 쓰인 자음과 모음의 수를 외친다.

-가장 높은 숫자를 외친 사람이 타일을 가져와 그 단어를 만들고, 성공하면 타일을 가져간다. 실패하면 다음으로 높은 숫자를 외친 사람에게

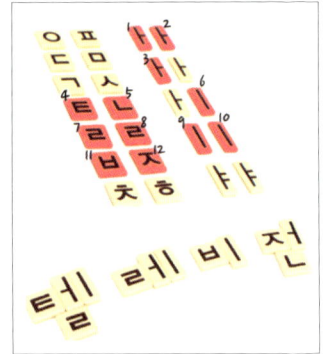

기회가 넘어간다.

- 타일 1개당 1점으로, 25점을 먼저 낸 사람이 승리한다.

색다르게 놀아 봐요

1. 한글 배우기 첫걸음

글자를 처음 배우는 아이에게는 '이름 말하고 글자 만들기' 형식으로 게임을 변형할 수 있다. 한 사람이 이름을 말하면, 나머지 플레이어들이 자음과 모음으로 글자를 만드는 형식이다. 가장 먼저 만드는 플레이어가 이긴다. (둘이 할 경우, 승패 없이 하거나, 시간을 재서 승패를 정할 수도 있다.)

집에 있는 동물이나 식물 등의 그림카드를 이용해, '그림 보고 글자 만들기'로 진행할 수도 있다.

2. 설명 듣고 글자 만들기

낱말을 설명하고, 설명을 통해 낱말을 유추해 글자를 만들도록 할 수 있다. 가령, '동화 속 공주님이야. 일곱 난쟁이랑 같이 살았어.'라고 이야기하면, 자음과 모음으로 '백설공주'를 만드는 식이다.

3. 문장 만들기

첫 번째 플레이어가 주어를 만들면 다음 플레이어가 서술어를 만드는 게임이다. 첫 번째 플레이어가 자음과 모음 타일로 '딸기가'를 만들면 두 번째 플레이어는 '맛있다'를 만드는 식이다.

4. 꾸밈말 만들기

주어와 서술어만 주고, 가운데 꾸미는 말을 만드는 놀이이다. '딸기가', '맛있다'를 주면, 가운데 '아주'와 같은 꾸밈말을 만드는 식이다.

이런 응용 게임에서 승패는 정하기 나름이다. 시간 내에 만들기에 성공하면 1점, 실패하면 0점으로 해서 10점을 먼저 만드는 플레이어가 이기도록 정할 수 있다. 또 휴대전화의 스톱워치를 이용해 빨리 만드는 플레이어가 이기는 것으로 할 수도 있다.

문장 만들기나 꾸밈말 만들기의 경우는 한 사람씩 돌아가며 만들면서, 막히는 플레이어가 지는 걸로 할 수 있다. 또 많이 만드는 플레이어가 이기는 거로도 할 수 있다.

이런 룰을 그때그때 아이들과 함께 정하면, 같은 게임도 다른 게임처럼 즐길 수 있다.

집중력을 키워 주는 '치킨차차'

'치킨차차'는 '기억력이 좋은 닭들의 꼬리 쟁탈전'이라는 부제만큼이나, 기억력을 필요로 하는 게임이다.

닭들을 둥글게 배치한 달걀 모양 타일 위에서 1칸씩 이동해 상대 꼬리를 잡으면 이기는 게임인데, 이동을 하려면 자기 바로 앞 칸 타일과 같은 그림의 팔각 타일이 어디에 있는지 기억해야 한다. 기억하려면 고도의 주의집중이 필요하므로, 이 게임을 통해 아이들의 집중력을 높일 수 있다.

만 5세 이상의 플레이어 2~4명이 함께 즐기기에 적합하다.

게임 방법

1 달걀 모양 타일을 그림이 보이도록 둥글게 배치하고, 그 가운데 팔각 타일을 엎어서 배치한다. 그리고 원하는 닭의 색을 정해서, 달걀 모양 타일 위에 올린다. 이때, 닭과 닭 사이가 일정한 간격이 되도록 한다.

2 순서를 정하고, 순서대로 팔각 타일에서 1개를 골라 앞면으로 뒤집는다.

- 그 타일 그림이 자기 닭 바로 앞에 있는 달걀 모양 타일과 같으면 자기 닭을 한 칸

노란 닭은 초록 닭 앞 그림과 같은 팔각형타일을 뒤집으면, 초록 닭 꽁지를 가질 수 있어요.

앞으로 움직일 수 있다. 그리고 또 팔각 타일을 뒤집어 전진할 기회를 다시 가질 수 있다.

- 펼친 타일이 자기 닭 바로 앞에 있는 달걀 모양 타일과 다르면 닭을 움직일 수 없고, 다음 플레이어에게 기회가 넘어간다.
- 뒤집은 팔각 타일은 즉시 다시 뒷면으로 뒤집어 놓는다.

3 계속 전진해서, 상대 닭 바로 뒤에 위치했을 때, 상대 닭 바로

앞모양과 같은 모양을 팔각 타일에서 뒤집으면 상대 닭을 뛰어넘을 수 있다. 이때, 상대의 꽁지를 뽑아 자기 닭에 꽂는다. 만약 바로 앞에 상대 닭이 연속해서 붙어 있을 경우, 한꺼번에 뛰어넘을 수 있다.

4 모든 꽁지를 다 갖는 사람이 승리한다.

색다르게 놀아 봐요
응용 1: 아이가 게임을 어려워한다면

치킨차차는 게임을 하는 내내, 카드가 줄어들지 않는다. 그래서 기억하기가 쉽지 않아, 오히려 집중하지 못하게 할 수 있다. 이런 경우라면, 카드의 수를 줄여서 게임을 할 수 있다.

이 게임에 이용되는 팔각 카드는 12개, 달걀 모양 카드는 24개다. 팔각 카드 모양은 다 달라 12종이고, 달걀 모양 카드에는 이 12종류의 그림이 2장씩 그려져 있다. 따라서 팔각을 10개나 8개만 이용하고, 달걀 모양 카드에서 이용하지 않는 모양을 뺀 뒤 게임을 하면 된다. 이때 게임 룰은 그대로 적용한다.

응용 2: 단순 메모리 게임으로 변형하기

응용 1도 어렵다면, 단순 메모리 게임으로 변형해서 게임을 할 수 있다.

― 달걀 모양 카드만 이용해서 메모리 게임을 한다. 24개 카드를 4×6 등으로 엎어놓은 뒤, 두 개씩 뒤집어 같은 그림이 나오면 가져가는 것이다. 카드를 더 많이 가져가는 플레이어가 승리한다. 이때, 달걀 모양 카드의 수를 20개, 16개 등으로 줄여 사용하여 난이도를 더 낮출 수 있다.

팔각 카드 12개와 이와 모양이 같도록 달걀 모양 카드 12개를 섞어서 게임을 하면 난이도를 더 낮출 수 있다.

응용 3 : 섞기 룰 넣기

누군가 꼬리를 빼앗았을 때 팔각 카드 배열을 바꾸는 식으로 게임 중간중간에 카드 배열을 바꾸어 게임을 더 어렵게 만들 수 있다. 3×4형식으로 배열했던 팔각 카드의 배열을 2×6이나 둥그런 모양으로 바꾸는 것이다.

응용 4: 나만의 ○○차차 만들기

그림그리기 활동은 집중력은 물론 창의력을 발달시킨다. 치킨차차를 이용해 그림을 그려, 나만의 차차 게임을 만들 수 있다. 좋아하는 간식을 그려 '간식차차'를 만들거나, 좋아하는 색깔을 넣어 '컬러차차'를 만드는 식이다.

간식차차, 컬러차차와 ○○처럼 게임의 콘셉트를 정한다.

― 치킨차차의 달걀 모양 카드와 팔각 카드를 종이에 대고 그린

다음 원하는 수만큼 잘라낸다. 그리고 잘라낸 종이에 콘셉트에 맞는 그림을 그려 넣는다. 이때 팔각 종이 1개와 달걀 모양 종이 2개에 같은 그림을 그려 넣어야 함을 잊지 않는다.
- 작은 요구르트병이나 화장품 샘플 용기, 아이들 놀잇감 등을 이용해, 말을 만든다.
- 게임을 한다.

계산 능력을 키워 주는
'할리갈리'

'할리갈리'는 같은 과일이 5개 되었을 때 종을 울려, 카드를 많이 가져오는 사람이 이기는 게임이다.

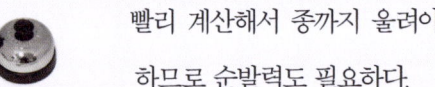

덧셈을 처음 배우는 아이부터 어른까지, 누구나 할 수 있는 쉬운 게임으로 손꼽힌다. 하지만 게임을 하는 내내 집중해야 하고, 재빨리 계산해서 종까지 울려야 하므로 순발력도 필요하다.

게임은 플레이어 2~6명까지 할 수 있고, 덧셈을

배우는 시기부터 가능하다.

게임 방법

1 카드를 같은 수로 나눠 각자의 앞에 놓고, 종은 가운데 놓는다.

2 정해진 방향으로 돌아가면서, 자기 차례가 되면 카드 한 장을 자기 앞에 펼쳐 놓는다. 이미 카드가 펼쳐져 있으면 그 위에 놓는다.

3 맨 위의 펼쳐진 모든 카드 중, 같은 종류의 과일이 5개가 되면 종을 친다. 가장 빨리 종을 친 플레이어가 펼쳐진 카드 모두를 가져간다.

4 위 방식으로 게임을 진행해, 카드를 모두 가져간 플레이어가 승자가 된다. 플레이어가 많은 경우, 1명이 카드를 모두 잃으면

카드를 펼칠 때는 상대방이 먼저 볼 수 있도록 바깥쪽으로 펼쳐. 펼치는 사람이 먼저 보지 않도록 한다.

과일이 5개가 아닌 경우 종을 치면, 벌칙으로 카드 한 장을 종 밑에 깔거나 상대방에게 카드 1장을 준다.

게임을 끝내고, 나머지 플레이어들의 카드 수를 비교해 승자를 가릴 수도 있다.

아이 발달에 맞춰 놀아 봐요
응용 1: 이제 막 덧셈을 배우는 아이와 게임을 하기

아이가 이제 막 덧셈을 배우는 시기라면, 게임의 난이도를 낮출 수 있다.

❶ 게임 인원을 2명으로 제안한다.

난이도를 낮추려면 게임 인원수를 조정할 필요가 있다. 할리 갈리는 두 명이 하면 2개의 수만 살피면 되지만, 3명이 하면 3개, 4명이 하면 4개의 수를 살펴야 하기 때문이다. 따라서 4-5세 아이와는 아이와 엄마, 혹은 아이와 아빠, 이렇게 2명이 플레이하면 아이의 눈높이에 맞춰 게임을 할 수 있다.

❷ 2명이 플레이할 때는 '과일의 수가 5개 되면 종을 친다.'는 것으로 규칙을 변형한다.

'같은 종류의 과일이 5개가 되었을 때 종을 친다.'라는 원래 규칙대로 2명이 게임을 하면 종을 칠 기회가 너무 적어진다. 그래서 게임이 지루해질 수 있기 때문에 '과일의 수가 5개 되면 종을 친다.'는 것으로 규칙을 변경하는 게 좋다.

이때 과일의 종류를 1, 2개 빼서 카드 수를 줄이면, 소요 시간을 줄여 보다 속도감 있게 게임을 즐길 수 있다.

❸ 숫자 5 맞추기가 익숙해지면, 6 맞추기, 7 맞추기로 수를 늘려 덧셈 능력을 향상시킨다. 다만 이때는 1이나 2와 같은 낮은 수를 빼, 게임 시간을 줄여 지루하지 않도록 한다.

❹ 난이도를 더 낮추고 싶다면?

만약 아이가 더 어리다면, 종을 칠 수 있는 숫자를 3이나 4로 낮춰 난이도를 더 떨어뜨릴 수 있다. 다만 이때 3 맞추기면 4와 5 카드를 빼고, 4 맞추기면 5 카드는 빼야 한다.

응용 2: 덧셈이 어느 정도 능숙한 아이와 게임을 하기

할리갈리 게임이 익숙해졌거나, 아이가 10까지의 덧셈이 능숙하다면, 게임의 난이도를 높여 덧셈 능력을 더욱 향상시킬 수 있다.

❶ 6 맞추기나 7 맞추기로 숫자를 높여 보자.

할리갈리는 5 맞추기 게임이다. 하지만 그 아래는 물론 위의 숫자 6 맞추기, 7 맞추기도 할 수 있다. 2명이 할 때는 6 맞추기까지, 3명이 할 때는 7 맞추기, 4명이 할 때는 8 맞추기까지 하는 것을 권한다. 사람 수가 적은데 맞춰야 하는 숫자가 높으면 그만큼 숫자 맞추기가 어려워, 게임이 지루해지기 때문이다.

❷ 같은 종류가 아니라도 '과일의 수가 5개만 되면 종을 친다.'로 규칙도 바꾼다.

'같은 종류의 과일이 5개가 되었을 때 종을 친다.'라는 원래 규칙대로 게임을 할 때보다 종을 칠 기회가 많아져, 훨씬 속도감 있게 게임을 진행할 수 있다.

응용 3: 할리갈리로 뺄셈 공부하기

할리갈리로 뺄셈 공부를 시작할 수도 있다. 이때는 게임 인원을 2명으로 해야 한다.

같은 종류 과일의 합이 5가 될 때 종을 치기와 똑같이, 같은 종류 과일의 차가 1이 될 때 종을 울려 카드를 가져가도록 한다. 익숙해지면, 차가 2가 될 때, 3이 될 때 종 울리기로 난이도를 높인다.

단, 할리갈리에서 뺄셈은 3까지만 한다. 할리갈리에서 두 수의 차가 4가 나올 확률이 너무 낮고, 5 이상이 나올 확률은 없기 때문이다.

게임을 좀 더 빠르게 진행하고 싶다면, 과일의 종류에 상관없이 과일들의 차가 1, 2, 3이 될 때 종을 치도록 하면 된다.

수학적 사고력을 키워 주는 '달팽이 경주'

'달팽이 경주'는 주사위를 던져 나온 모양과 색깔에 따라 달팽이들이 달리기 경주를 하는 게임이다.

2개의 주사위에 나온 모양과 색깔을 어떻게 사용하여 달팽이를 움직이느냐에 따라 자신에게 유리한지 아니면 불리한지가 결정된다. 모양과 색깔을 변별하는 수학적 개념과 전략적으로 달팽이를 움직이기 위한 논리적 문제해결 능력이 필요하다.

만 5세 이상의 플레이어가 즐길 수 있는 2~4인용 게임이다.

게임 방법

1 각 플레이어는 경주 카드를 한 장씩 나누어 가진 후, 다른 플레이어가 볼 수 없도록 뒤집어 놓는다.

2 가장 최근에 달팽이를 본 플레이어가 주사위 2개를 동시에 굴려서 게임을 시작하고, 시계 방향으로 진행한다.

3 주사위에 나온 결과에 따라 다음과 같이 진행한다.

-같은 모양 2개 : 주사위와 같은 색깔의 달팽이를 같은 모양이 있는 가장 가까운 칸으로 이동시킨다.

-다른 모양 2개 : 2개의 주사위 중 1개와 같은 색깔의 달팽이를, 다른 1개의 주사위와 같은 모양이 있는 가장 가까운 칸으로 이동시킨다.

- 이동하려는 칸에 이미 다른 달팽이가 있다면 그 달팽이 위에 올려서 탑을 쌓는다.

4 시상대가 있는 곳까지 달팽이를 이동시키고, 도착한 순서대로 1, 2, 3번의 시상대에 오른다.

5 각자 자신의 경주 카드를 뒤집어 시상대에 있는 달팽이의 색깔에 따라 자신의 점수를 계산한다.

- 1등 시상대의 달팽이 : 3점
- 2등 시상대의 달팽이 : 2점
- 3번 시상대의 달팽이 : 1점

6 가장 많은 점수를 획득한 플레이어가 승리하고, 동점일 경우 공동 우승이 된다.

색다르게 놀아 봐요

응용 1: 달팽이 집을 지어요

'달팽이 경주' 게임은 지켜야 할 규칙이 많고, 그 규칙도 다소 복잡하다. 보드게임을 할 때는 게임마다 지켜야 할 규칙이 있음을 알고, 규칙에 따라 게임을 해야 모두가 재미있게 게임을 할 수 있다는 사실을 잊지 말아야 한다. 보드게임의 규칙을 지키는 것처럼 규칙에 따라 달팽이 집을 색칠하며 색깔 변별력과 문제해결 능력을 키워 줄 수 있다.

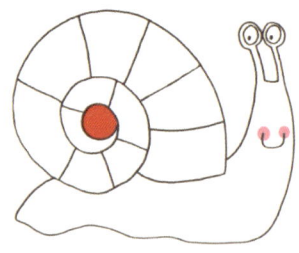
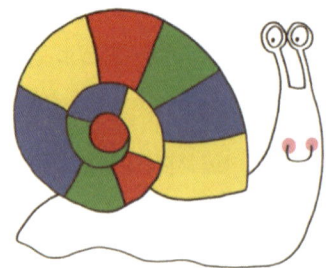

❶ 종이에 달팽이를 그리고, 달팽이 집에 선을 그어 칸을 만든다.
❷ 달팽이 집을 색칠하는 규칙을 알려 준다.
   -달팽이 집의 각 칸은 바로 옆에 붙어 있는 칸과 다른 색깔로 색칠해야 한다.
❸ 규칙에 따라 달팽이 집을 색칠한다.
   (달팽이 집의 칸을 색칠하기 전에, 칸마다 색칠하고 싶은 색깔로 먼저 점을 찍어둔다. 그다음 규칙에 따라 색깔 점을 찍었는지 확인하고 칸을 채워서 색칠한다.)
❹ 같은 색깔의 칸이 몇 개씩 있는지 세어본다.

응용 2: 가장 빠른 달팽이는 누구일까요?

종이에 모양 칸을 10개씩 6줄로 그려 놓는다. 모든 경주 카드를 뒤집어서 골고루 섞은 다음, 가운데에 쌓아 더미를 만든다. 무지개의 7가지 색깔을 가장 빨리 말한 사람부터 경주 카드 더

미의 맨 위에 있는 카드 1장을 뒤집는다. 경주 카드에 나온 달팽이의 색깔 순서대로 칸을 색칠한다. (1등 : 3칸, 2등 : 2칸, 3등 : 3칸) 번갈아 가며 카드를 뒤집고, 카드를 모두 뒤집었으면 같은 색깔로 색칠한 칸의 개수를 세어 숫자로 표시한다. 그리고 가장 큰 숫자의 색깔은 무엇인지 찾아본다.

이 놀이를 통해 수 세기는 물론이고, 숫자의 크고 작음과 양의 많고 적음을 경험할 수 있다.

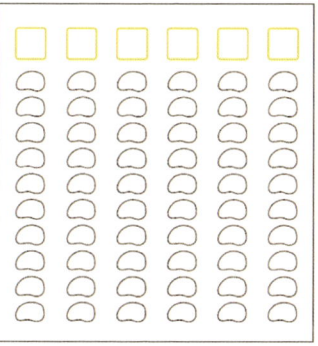 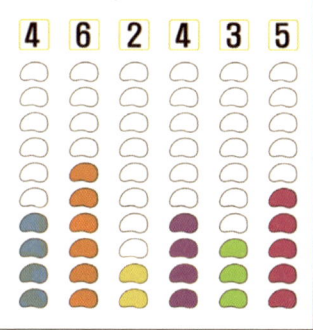

공간지각력을 키워 주는
'슈퍼 라이노-슈퍼 배틀'

'슈퍼 라이노-슈퍼 배틀'은 슈퍼 라이노와 그의 영웅 친구들이 모여서 아찔하게 높은 건물을 세우는 게임이다. 높이 쌓은 건물의 높은 층까지 올라가려면 신중해야만 한다. 건물이 무너지지 않도록 조심스럽게 쌓으면서 무게 중심을 경험하게 되고, 벽과 기둥을 확장하면서 거리나 위치, 전체적인 공간의 특성을 이해하게 된다.

만 5세 이상, 4명 이하의 플레이어들이 약 15분 동안 즐기는 게임이다.

게임 방법

1 노란색 건설 지점이 보이는 게임판 3개를 한 줄로 펼쳐놓는다.
2 각 플레이어는 천장 카드를 3장씩 나눠 갖고, 슈퍼 영웅 피규어 1개를 선택한다.
3 화장실을 가장 자주 가는 플레이어부터 시작해서 시계 방향으로 진행한다.
4 자신의 차례가 되면 규칙에 따라 '건물 세우기'와 '다른 천장 카드 가져오기'를 한다.
   ❶ 건물 세우기
      - 천장 카드 1개를 선택해서 그림에 그려진 벽 카드의 높이와 개수에 맞게 벽 카드를 세운다.
      - 천장 카드를 세워 놓은 벽 카드 위에 수평으로 올려놓는다.
      - 올려놓은 천장 카드에 거미원숭이가 있다면 거미원숭이를 천장에 매달아야 한다.
   ❷ 하늘색 주사위를 굴려서 나온 수만큼 자기 영웅 피규어를 이동시켜 건물에 올라간다.
   ❸ 자기 영웅이 도착한 층에 이미 다른 영웅이 있다면 결투를 진행한다.
   ❹ 자기 영웅이 가장 높은 층에 도착했다면 슈퍼 영웅 메달을 가져온다.
   ❺ 플레이어는 항상 3장의 천장 카드를 가지고 있어야 하므로,

더미 또는 펼쳐 놓은 카드 중에서 새로운 천장 카드 1개를 가져온다.

5 건물의 일부 또는 전체가 무너지거나 천장 카드를 모두 사용하면 게임이 끝나고, 자신의 슈퍼 영웅이 가장 높은 곳에 있는 플레이어가 승리한다.

색다르게 놀아 봐요

위치와 방향, 공간을 이해하는 것은 쉬운 일이 아니다. 위치나 방향과 관련된 어휘를 사용하며 신체를 활용한 놀이를 통해 공간 개념을 익힐 수 있는 놀이로 바꿔서 해 보자.

응용 1: 공중 탑 쌓기

❶ 가장 높이 점프한 사람이 먼저 바닥에 손바닥을 펼쳐 놓고, 1부터 숫자를 센다.

❷ 번갈아 가며 진행하고, 가장 위에 있는 손 위에 자기 손을 얹고 숫자를 이어서 센다. 자기 손을 얹을 때, 서로의 손이 닿지 않도록 손과 손 사이에 공간을 띄어 둔다.

❸ 두 손을 모두 사용해서 탑을 쌓은 후 다시 차례가 돌아오면, 자기 손 중에서 가장 아래에 있는 손을 빼서 탑의 가장 위에 얹어 계속해서 탑을 쌓는다.

❹ 더 이상 손으로 탑을 쌓을 수 없을 만큼 높은 탑을 쌓았다면 모두 함께 "와르르!"라고 외치고 양손으로 바닥을 신나게 두드린다.

응용 2: 슈퍼 라이노의 탐험

아이는 엄마(또는 아빠)의 등 뒤에 앉아서 엄마의 등을 바라본다. 엄마가 말하는 대로 손가락을 움직이며 신체의 부위를 알고,

위치와 방향을 인지한다.

　예) 손가락이 허리에서부터 등으로 천천히 올라가요.

　　　엄마의 왼쪽 옆구리로 가 볼까요?

　　　이번에는 오른쪽 옆구리로 손가락을 움직여 봐요.

　　　등에서 가장 높은 곳에 있는 어깨까지 올라가요.

　　　어깨에서 점프해서 팔꿈치까지 내려와요.

　　　한 번 더 점프해서 양쪽 옆구리를 간지럽혀요.

과학적 탐구력을 키워 주는 '리틀 정원사'

두더지가 굴을 파고 땅 위로 올라오기 전에 밭의 식물을 가꿔서 수확하는 '리틀 정원사'는 식물의 성장 과정에 대해 호기심을 가지고 탐구해 볼 수 있는 게임이다.

궁금증을 해결해 가는 과정을 즐기며 생활 속의 문제를 탐구하고, 주변의 자연 현상에 관심을 가지는 것이 과학적 탐구력 향상의 기초가 된다.

주변에 있는 동식물에 관심이 많은 만 2세 이상부터 할 수 있으며 보드게임을 처음 접하는 아이들이 하기에도 적합하다.

게임 방법

1 가장 최근에 식물을 키워 본 플레이어가 주사위를 굴려서 게임을 시작하고 시계 방향으로 진행한다.
2 주사위에 나온 색깔과 같은 칸(시계 방향)으로 정원사 가브리엘을 이동시킨다.
 - 이동한 칸에 두더지 몰리가 있다면 가장 큰 두더지 굴 조각을 게임판 가운데에 놓는다.
 - 이동한 칸에 두더지 몰리가 없다면, 원하는 밭을 선택하여 가장 큰 밭 조각을 게임판 위에 올려놓는다. 가장 큰 밭 조각이 이미 놓여 있다면 그다음으로 큰 밭 조각을 그 위에 올려놓는다.

3 두더지 몰리의 굴이 완성되기 전에 모든 밭 조각을 게임판 위에 올려놓았다면 함께 승리하고, 두더지 몰리의 굴이 먼저 완성되었다면 모두 함께 패배한다.

색다르게 놀아 봐요

응용 1: 식물의 성장 과정

딸기, 당근, 튤립의 밭 조각을 살펴보며 식물들이 어떻게 자라는지 함께 이야기 나눈다. 가장 먼저 놓는 첫 번째 밭 조각부터 두 번째, 세 번째 밭 조각의 순으로 자란 후 각 바구니에 담긴 모습을 보면서 수확하기까지의 과정을 알 수 있다.

또한 식물들이 자라기 위해서는 또 필요한 것이 있는지 구성품 중에서 찾아보고, 피규어와 밭 조각을 이용한 역할놀이를 해본다.

응용 2: 당근이 자라나요!

당근이 자라나는 모습을 신체로 표현한다. 게임과 관련된 내용을 몸으로 표현하는 동적인 놀이는 식물의 성장 과정을 더 잘 기억할 수 있도록 학습 과정을 촉진해 아이의 집중력 향상에도 도움이 된다.

❶ 씨앗

씨앗이 땅에 뿌려진다.

서 있는 자리에서 앞으로 한 걸음 내디딘 후, 몸을 아주 작게 웅크린다.

❷ 새싹

씨앗에서 새싹이 나온다. 웅크린 상태를 유지하며 양팔을 아주 천천히 위로 뻗어 올린다.

❸ 줄기

땅 위로 길쭉하게 나온 당근 줄기가 바람에 흔들린다.
두 팔을 위로 쭉 편 상태로 상체 전체를 좌우로 움직인다.

❹ 당근

농부가 땅에서 당근을 잡아당겨 수확한다.

자신의 양쪽 귀를 손으로 잡고, 손가락 끝으로 자신의 귀를 부드럽게 잡아당기며 귓바퀴를 마사지한다. 그러다가 "당근을 수확해요!"라고 말하면 두 발로 높이 점프하여 뛰어오른다.

경제 개념을 경험하는
'시장 나들이'

'시장 나들이'는 물건을 구매하기 위해서는 그에 알맞은 돈을 지급해야 한다는 것을 알 수 있는 게임이다.

시장에 가면 빵도 있고, 달걀도 있고, 양말과 꽃도 있다. 또 오늘 시장에 가서 무엇을, 얼마에 사야 하는지, 장보기 목록에 나와 있다. 이 목록에 있는 모든 물건을 동전이나 지폐로 구매하며, 어떤 물건이 더 비싸고, 어떤 동전이나 지폐가 더 가치가 높은지 자유롭게 이야기해 본다.

이 게임은 플레이어 2~4인이 함께 하기 좋지만, 혼자서도 즐길 수 있다. 만 2세 이상이면 가능한 게임이다.

게임 방법

1 각 플레이어는 장보기 목록 1개와 왕관 동전 2개, 별 동전 1개, 각 지폐를 1장씩 가져온다.

2 "시장에 가요!"를 가장 큰 소리로 외치는 플레이어가 주사위를 굴리며 시작하고, 시계 방향으로 진행한다.

3 주사위에 나온 결과에 따라 다음과 같이 진행한다.

- **색깔** : 주사위와 같은 색깔의 물건 중 자신의 장보기 목록에 있는 조각 모양과 같은 조각의 물건을 구매한다. 이때 물건 값을 해당 가게의 계산대에 넣어야 구매할 수 있다.
- **웃는 얼굴** : 자신의 장보기 목록에서 아직 구매하지 않은 물건 중 원하는 물건 1개를 구매한다.

4 가장 먼저 자신의 장보기 목록에 있는 4개의 물건을 구매한 플레이어가 승리한다.

색다르게 놀아 봐요

응용 1: 기억력 게임

기본 규칙을 따르되, 다음과 같이 룰을 바꾸어 게임을 진행한다.

❶ 물건 조각의 그림이 보이지 않도록 뒤집어서 판매대에 놓아 준비한다.

❷ 주사위를 굴려 색깔이 나왔다면, 자신의 장보기 목록에 있는 물건과 같은 그림의 물건 조각을 찾아서 뒤집는다.

일치하는 물건 조각을 잘 찾았다면 그 물건을 구매할 수 있고, 일치하는 물건 조각이 아니라면 판매대에 다시 뒤집어서 놓는다.

이때, 모든 플레이어는 물건 조각의 위치를 잘 기억해야 한다.

응용 2: 흥청망청 장보기 게임

기본 규칙을 따르되, 다음과 같이 룰을 바꾸어 게임을 진행한다.

❶ 장보기 목록의 뒷면(화폐 그림)이 보이도록 놓는다.

   구매해야 할 물건은 알 수 없고, 얼마만큼의 돈을 사용할 수 있는지만 알 수 있다.

❷ 주사위를 굴려서 나온 색깔과 같은 색깔의 가게에서 물건을 구매할 수 있다. 물건의 가격은 해당 가게 계산대의 구멍 크기로 구별할 수 있다.

❸ 같은 가게에서 2번 이상 물건을 구매할 수 있다.

❹ 가장 먼저 가지고 있던 돈을 모두 사용한 플레이어가 승리한다.

응용 3: 몇 개 살까요?

물건 조각들을 살펴보며 내가 사고 싶은 물건이 있는지 살펴본다. 가게를 선택하고, 선택한 가게의 물건 중 구매하고 싶은 물건의 이름과 얼마만큼 구매하고 싶은지 개수를 말한다. 모두 함께 아이가 말한 개수만큼 손뼉을 친다.

예) 빵 다섯 개 → **짝짝짝짝짝!**

번갈아 가며 반복해서 놀이한다.

… **Chapter 04**

보드게임의 또 다른 쓸모

나는 평생 하루라도 일을 하지 않았다.
그것은 모두 재미있는 놀이였다.
― 토머스 E. 에디슨(발명가)

1.
신입 사원부터 부장님까지 보드게임

 우리는 보드게임을 다양하게 이용하고 있다. 3장에서 살펴본 아이들 교육용 보드게임이 대표적인 예가 될 것이다. 그런데 보드게임을 교육에 활용하는 것은 아이들 용으로만 국한되지는 않는다.

요즘은 보드게임을 임직원 교육용으로 이용하는 기업이 늘고 있다. 신입 사원들에게 기업의 업무 프로세스를 익히게 할 때는 물론, 워크숍 때도 보드게임을 이용해서 다양한 활동을 진행한다. 관세청 같은 공공기관이나 병원 등에서도 보드게임을 이용한 여러 가지 교육과 활동을 추진하고 있다. 그 다양한 사례를 통해 보드게임의 또 다른 쓸모를 들여다보자.

게이미피케이션과 보드게임

게이미피케이션Gamification은 영어 단어 Game과 ~화한다는 뜻의 fication의 합성어이다. 게임 구조나 사고방식 등과 같은 게임적인 요소를 게임이 아닌 분야에 접목해, 게임화한 것을 이른다. 게임을 통해 아이들을 교육하는 것이 대표적인 게이미피케이션이다. 또한 지식을 전달하거나 어떤 행동이나 관심을 유도하기 위해서도 게임을 이용하기도 한다.

2012년 우리나라의 한 휴게소가 '강한 남자 찾기' 게임을 남자 화장실에서 실시했다. 소변기에 장착된 센서로 소변의 세기와 양 등을 측정해서 바로 앞에 소변기를 사용한 사람과 스코어를 경쟁하게 한 것이다. 그러자 변기 밖으로 튀는 소변의 양이 훨씬 줄어들었다고 한다. 더 나아가 그 휴게소를 다시 찾는 사람들까지 늘었다. '경쟁'이라는 게임의 요소를 통해 '행동'을 유도한 대표적인 게이미피케이션으로, 승패가 주는 '재미'를 통해 방문자 수 증가라는 '마케팅 효과'까지 거둔 사례다.

근래 들어 이런 게이미피케이션에 관한 관심이 커지고 있다. 교육뿐 아니라 기업, 관공서 할 것 없이 지식 전달은 물론 행동과 관심 유발 등을 위해 많은 것을 게임화하고 있다. '언젠가 세상은 게임이 될 것이다.'라고들 할 정도다.

이런 게이미피케이션에 빠질 수 없는 것이 보드게임이다. 사실 보드게임은 오래전부터 게이미피케이션에 이용됐다. 아이들 교육은 물론이고, 1950년대부터 기업들은 보드게임 형태로 경영 시뮬레이션이나 회계 시뮬레이션 등을 만들어서 사원들을 교육해왔다. 아이들이 게임을 하면서 단어나 연산을 익히는 것처럼, 사원들이 게임을 하면서 경영 능력을 향상하고 회계 처리 방법 등을 익히도록 고안한 것이다.

8시간 강의 들을래, 보드게임 할래?

2020년 한화건설 회계관리팀은 신입 사원에게 재무회계 강의를 해달라는 회사의 요청에 고민이 많았다고 한다. 이런 경우 보통은 4시간은 파워포인트를 통한 강의를 하고, 나머지 시간에는 신입 사원들이 직접 재무제표를 작성하는 등의 순서로 진행하기 마련이다. 그런데 한화건설 회계관리팀은 이런 지루한 강의 대신 '보드게임'을 선택했다.

부동산을 사고팔고 임대이익을 얻는 형식의 보드게임에 엑셀을 접목했다. 신입 사원들은 보드게임에서 주사위를 던져서 부동산을 사고팔고, 그럴 때마다 엑셀을 이용해 세금계산서를 발행하거나 발급받고, 부가세를 신고하고, 재무제표를 작성한다.

게임을 하면서, 실제 회계 과정을 체험하도록 보드게임을 고안한 것이다. 때에 따라 보드게임의 게임머니를 잘못 주고받아서 보드게임의 게임머니와 재무제표상의 수치에 차이가 생기는 상황도 경험하게 된다. 이 경험을 통해 회계 관련 전공자가 아닌 이들도 회계 과정과 회계 처리를 꼼꼼하게 해야 할 필요성을 체득하게 된다.

이 교육을 담당했던 담당자들은 보드게임을 통한 교육의 장점으로 '교육 대상자들의 집중도를 크게 높일 수 있었고, 비전공자도 쉽게 이해할 수 있는 교육이었다.'라는 점을 들었다.

보드게임을 이용해 직원 교육을 하는 기업이 비단 한화그룹만

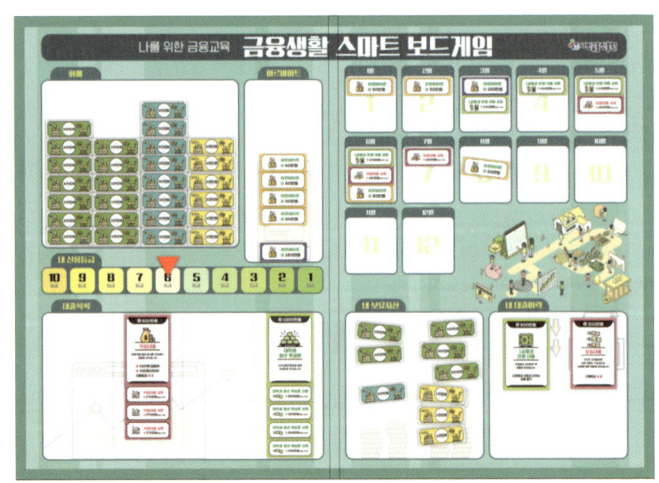

★ **'금융 생활 스마트' 보드게임** ⓒ서민금융진흥원

은 아니다. 현재의 상황에 대해 젬블로 오준원 대표는 이렇게 전했다.

"많은 기업에서 자사의 시스템이나 시뮬레이션을 위한 보드게임을 제작하여 활용하고 있습니다. 대표적인 예로 SK그룹에서는 경영 전략 시뮬레이션의 형태로 보드게임을 만들어, 신입 사원들에게 회사의 규칙과 시스템, 신제품 개발 과정 등을 익히게 합니다. '던전앤파이터'로 유명한 온라인 게임 업체 네오플에서는 보드게임을 이용해 직무 연수 커리큘럼을 진행하기도 했습니다."

기업만이 아니다. 관세청은 '품목분류 갑론을박'이라는 보드게임을 통해, 직원 교육을 실시했다. 국민권익위원회 소속 청렴연

★ '모을까? 불릴까? 금융탐험대' 보드게임 ⓒ금융감독원

수원은 밀레니얼 세대 신규 공직자를 대상으로 하는 청렴 교육 과정에 보드게임을 활용했다.

팀빌딩과 보드게임

직원들의 업무 능력만큼이나 중요한 것이 팀워크다. 직장 내 괴롭힘이 사회적인 문제가 되는 상황에서, 직장 내 괴롭힘 예방 교육은 기업이 시행해야 할 의무교육이 되었다. 또 팀원끼리의 이해와 조화가 강조되고 있다. 이와 관련된 교육에도 보드게임이 이용되고 있다.

대구 지역의 한 대학병원은 신입 간호사 대상 교육에서 보드게임 '플립'을 이용했다. 플립은 상대의 카드를 보면서, 상대의 생각과 성격을 추리하는 형식의 보드게임인데, 이 게임을 통해 참가자들은 자신이 생각하는 자신과 타인이 생각하는 자신을 비교해 볼 수 있다. 보드게임을 통해 자기 자신과 동료에 대한 이해의 폭을 넓힐 수 있는 교육을 받은 셈이다.

이음교육연구소의 엄준희* 대표는 팀빌딩 강의를 위해 직접 '정글로드'라는 보드게임을 개발하기도 했다. 보드판과 타일로 구성된 이 게임은 하나의 팀이 되어, 말 그대로 정글에서 길을 개척하는 게임이다. 이 게임에서 승리하기 위해 가장 중요한 것은 팀원 간의 소통이다.

엄준희 대표는 정글로드를 개발한 배경에 대해 이렇게 말한다. "강의하면서 가장 고민되는 것은 역시 교육의 효과예요. 물론 강의식 교육의 장점이 있어요. 하지만 강의를 아무리 잘해도, 교육자들을 집중시키는 데는 분명히 한계가 있었어요. 그래서 보드게임에 관심을 두게 된 거예요. 보드게임은 일단 참여를 전제로 하고, 승패라는 보상이 있기 때문에 집중도를 높일 수 있으니까요."

엄준희 대표는 지금도 정글로드를 통해, 직장 내 소통의 중요성과 리더십 관련 강의를 이어가고 있다고 했다. 그 효과에 대해서는 이렇게 말했다.

★ 엄준희 대표가 개발한 보드게임 '정글로드'

"정글로드를 하면서, 참가자들은 소통이 안 돼서 답답한 경험, 소통이 안 돼서 지는 경험을 하게 돼요. 소통이 잘 돼서 이기는 경험 역시 하게 되지요. 이것이 팀원 간의 소통이 얼마나 중요한지, 다양한 사례나 데이터를 제시하는 것보다 훨씬 효과적이라고 생각해요. 자기 경험이니까요."

・**엄준희**
이음교육연구소 대표. 기업에서 리더십과 코칭을 강의하고 있다. 기업 강의에 보드게임을 적용하기 위해 직장 내 소통과 팀빌딩을 주제로 한 '정글로드'라는 보드게임을 개발하기도 했다.

2.
할아버지,
할머니도 보드게임

   보드게임은 지적·정서적 장애가 있는 아이들의 치료에 많이 사용된다. 보드게임의 교육적 효과는 지적 능력에 장애를 가진 어린이들을 교육하는 데 효과적일 뿐만 아니라, 정서 장애를 가진 어린이들에게도 조절, 공감 등의 능력을 향상하는 데 도움이 된다. 더 나아가 보드게임이 정신 분열 환자의 신경 인지 기능을 증진시킨다는 연구도 있다.

  그런데 요즘, 보드게임은 또 다른 증상 치료와 완화에 효과적인 도구로 활용되고 있다. 바로 치매다. 보드게임이 왜 치매 예방 및 치료에 효과적인지, 고령화 시대에 보드게임을 어떻게 활용할 수 있는지 궁금해진다.

고스톱이 치매에 좋다고?

고스톱을 치면 치매에 안 걸린다는 말을 우스갯소리처럼 하곤 한다. 그런데 정말 고스톱을 치면 치매가 안 걸리나? 하고 물어보면, 전문가들의 의견은 엇갈린다. 고스톱과 치매의 관계에 관해 연구한 논문도 없고, 연구하기가 쉽지도 않기 때문이다. 개인적인 경험으로도 그렇다. 지인의 외할머니는 평생 고스톱을 치셨지만 당뇨로 고생하는 시간이 오래 계속되면서 결국 치매에 걸리셨다. 또 다른 지인의 시어머니는 화투의 짝을 맞추지도 못하시는데 100세까지 정정하시다.

이에 대해 10년 이상 치매 노인을 치료한 신경외과 전문의 권준우 원장은 《치매 예방을 위한 두뇌성형》에서 명료한 답을 주었다. '고스톱을 어떻게 치느냐에 따라 달라진다.'라는 것이다.

고스톱을 치려면, 짝을 맞춰야 하고 계산해야 하고 남의 패와 남은 패를 추측할 수 있어야 한다. 자신 혹은 다른 사람이 흔들었는지, 광은 누가 얼마나 팔았는지 등도 기억해야 한다. 또 점수가 났을 때는 고를 할 것인지, 스톱을 할 것인지 결정해야 한다. 고스톱 하면 도박과 연관 지어 부정적으로 보는 시각이 많지만, 사실 고스톱을 하기 위해서는 기억하고 계산하고 생각하고 추측하고 결정해야 한다. 고도의 인지 능력을 발휘해야 하는 것이다.

따라서 고스톱을 치면, 자기도 모르게 인지 능력을 발휘하려고 한다. 이 노력은 분명 치매 예방에 도움이 될 것임이 틀림없다. 그러나 아무리 복잡한 인지 과정이라도, 수없이 반복되면 더 이상 우리 뇌를 자극할 수 없다. 프로그래밍 된 컴퓨터처럼, 뇌가 자동으로 움직이게 된다. 이런 경우에는 재미도 덜하고, 인지 능력 향상에 도움이 될 수도 없다고 한다. 이렇게 보면, 고스톱은 배우는 초반에는 치매 예방이나 치료에 도움이 되겠지만, 충분히 숙달된 뒤에는 별 도움이 될 수 없을 것 같다.

그런데 또 하나의 중요한 변수가 있다. 그것은 바로 고스톱이 가진 아날로그적인 성향이다. 고스톱을 치려면 적어도 3명이 얼굴을 맞대야 한다는 점을 간과해서는 안 된다. 그것이 노인들에게 관계를 만들어 주고, 이야기를 나누게 하고, 희비를 느끼게 해 준다. 권준우 원장은 바로 이 점이 고스톱이 치매 예방과 치료에 도움이 되는 포인트라고 강조한다.

의사도 권하는
보드게임

권준우 원장은 치매 예방을 위해 보드게임을 하라고 권한다. 사람들과 둘러앉아 이야기를 나누며 화투를 치듯, 보드게임을 통해 즐겁게 사람들과 어울릴 수 있다는 것이다. 보드게임의 규칙을 이해하고 그 과정에서 인지 기능을 발휘하는 것 역시 치매 예방에 도움이 됨은 말할 나위도 없다. 일본의 치매 전문의 엔도 히데토시도 자신의 책《치매 전문의도 실천하는 치매 예방법》에서 '보드게임이 뇌의 활동을 활발하게 한다.'라며 치매 예방법으로 보드게임을 추천했다.

학문적 연구도 활발하게 진행되고 있다. 영국 스코틀랜드 애든버러대학교가 〈노인학저널〉에 게재한 연구가 대표적이다. 이 대학 심리학과의 드류 앨출 교수팀은 70세 이상 1천여 명을 대상으로 보드게임과 인지 기능의 관련성을 분석했다. 대상자의 11세 때와 70세 이후 인지 검사를 비교 분석한 결과 보드게임을

★ 보드게임 하는 노인들

자주 한 노인들의 인지 기능이 높았고, 게임을 하지 않은 대상자에 비해 인지 기능이 덜 줄어들었다고 밝혔다.*

우리나라에도 이를 뒷받침할 연구가 활발하게 진행되고 있다. 경도 치매 환자 5명과 1회에 40분, 주 2회로 총 21회 보드게임을 했더니, 참가자 5명 중 3명의 인지 수준이 향상된 결과를 보였다. 또 참가자 대부분의 일상 활동 수준이 높아졌다.**

2020년 인제대학교 고령자라이프디자인연구소의 연구자들은 보드게임을 직접 개발해서 고령자들을 대상으로 적용한 결과, 대상자들의 기억력에 긍정적인 변화가 나타났고, 인지 능력과 우울증 감소에도 영향을 미치는 것을 확인했다.***

전문가들은 치매 예방과 치료를 위해서는 너무 어렵지 않은 보드게임을 택하라고 조언한다. 2012년, 보드게임을 통해 초기 치매 환자의 기억력이 3~4배 좋아질 수 있음을 확인했던 분당서울대학병원 정신건강의학과 김기웅 교수는 "보드게임은 규칙을 이해하고 기억하면서 주사위를 던지거나 말을 움직일 때 손을 많이 써야 하기 때문에, 전두엽을 자극해 집중력과 기억력을

---

* 박지영 기자, 메디칼 트리뷴(medical-tribune), 2019년 12월 03일
http://www.medical-tribune.co.kr/news/articleView.html?idxno=89264
** 백영림 '보드게임을 이용한 작업치료 프로그램이 경도 치매 노인의 인지 및 일상생활 활동에 미치는 효과' 고령자 치매작업치료학회지 6.1 (2012): 27–38.
*** 성윤정, 곽대원, 이대균, 김민주, 신선미 and 양영애. 인지 증진을 위한 보드게임 개발 및 효과성 검증. 고령자 치매작업치료학회지, 14(2) (2020): 49–57.

강화시키고 치매를 억제합니다."라면서도, "환자가 어려워하는 보드게임은 역효과가 납니다."라고 했다. 너무 어려우면 배우기를 포기하게 마련이다. 또 어려우면 게임에서 자꾸 지게 된다. 그렇지 않아도 치매 증상으로 자신감과 자존감을 잃어가는 환자에게, 포기와 실패의 경험은 긍정적인 영향을 미칠 수 없다는 것이다.

나는 보드게임 지도사

치매 예방과 치료에 보드게임이 도움이 된다는 인식이 일반화되면서, 노인들을 대상으로 보드게임을 지도하는 지도사 과정도 활발하게 운영되고 있다. 보드게임을 지도하는 지도사 과정에, 노인들에 대한 이해 과정이 함께 진행되는 것이다. 그런데 반대로, 스스로 보드게임 지도사로 나서는 노인들도 있다.

고령화 시대 '치매'와 더불어 또 하나의 화두로 '노인 일자리 창출'을 들 수 있다. 100세 시대라지만, 우리 사회 정년은 60~65세에 맞춰져 있다. 이 때문에 정년 이후의 삶에 대해 경제적으로 또 사회적으로 곤란을 겪는 노인이 많다. 그래서 중앙 정부는 물론, 자치단체별로 노인 일자리 사업을 벌이고 있는데, 2000년대 후반부터 어르신들을 대상으로 '보드게임 지도사' 과정을 운영

★ 보드게임을 가르치는 손영애 지도사

하기 시작했다.

2007년 영등포노인종합복지관에서 이 과정을 이수한 손영애 선생님은 그 과정에 대해 이렇게 설명했다. "보드게임실버지도사 과정이 처음 개설되었는데, 제가 1기 멤버였어요. 약 20명 정도였는데, 1년 가까이 보드게임 지도하는 법을 배웠습니다. 그리고 강사 선생님 앞에서 시연하고, 그 가운데 절반 정도가 지도사 자격을 얻게 됐어요."

손 선생님은 지도자 자격을 얻은 뒤, 인근의 노인정 등에서 어르신들에게 보드게임 활용법을 가르치셨다고 했다. 그렇게 1년 정도가 지난 뒤, 사회복지사의 추천으로 어린이집이나 유치원으로. 가서 아이들에게 보드게임 활용법을 가르치기 시작했다. 또 자신과 같은 노인들이 보드게임 지도사가 될 수 있도록 가르치기도 했다. 60대 초반에 시작해서, 70대 중반인 지금까지 아이들에게 보드게임을 가르치고 있다는 손 선생님은 보드게임 지도사에 대해 이렇게 이야기했다.

"60대가 들어서 이제 새로운 인생을 찾으려다 만난 게 보드게임이었어요. 그 보드게임은 노년의 저에게 일하는 즐거움과 경제적인 수익을 가져다주고 있어요. 특히 아이들을 가르치며 좋은 기운을 얻고, 아이들이 좋아하는 모습에서 보람을 느끼죠. 그것이 제게 삶의 커다란 활력이 되었어요. 그래서 다른 분들에게도 도전해 보라고 권하고 싶어요."

지금도 어르신들을 대상으로 한 지도사 과정이 운영되고 있고, 과정을 이수한 분들은 손 선생님처럼 어르신들이나 어린아이들에게 보드게임 활용법을 가르치게 된다.

3.
보드게임이 직업이 된 사람들

자기가 좋아하는 일을 하면서 살아가는 사람이 몇이나 될까? 많지 않다고들 한다. 능력이 안 돼서, 노력이 부족해서, 또는 그 일로는 먹고살기 어려워서 등등의 이유로 많은 사람이 자기가 하고 싶은 일과는 다른 일을 하며 살아간다. 아니, 어쩌면 대부분 사람은 자신이 뭘 하고 싶은지 잘 모른 채 살아가는지도 모른다.

그런데 보드게임 산업에 종사하는 사람들을 만나면서 든 생각은 '이분들은 정말 보드게임을 좋아하는구나!'였다. 보드게임을 정말 좋아하는 보드게임 제작자와 디자이너, 작가들에게는 그야말로 자기 일을 즐기는 에너지가 느껴졌다. 그들이 하는 일

이 구체적으로 무엇인지, 그리고 그와 같은 일을 하기 위해서는 어떤 능력이 필요한지, 그들이 왜 자기 일을 즐길 수 있는지를 알아보다 보면 우리 또한 그들의 에너지를 느낄 수 있을 것이다. 누가 아나? 보드게임을 좋아하는 우리 아이가 보드게임 전문가가 될지!

보드게임 제작자,
만두게임즈 김기찬 대표

김기찬 대표는 대학원 연구실에서 카메라의 로봇 눈을 연구하던 컴퓨터공학도였다. 하지만 보드게임에 빠진 뒤, 연구실을 박차고 나왔다고 한다. 그리고 보드게임 카페를 차리고 보드게임 개발 회사를 만들었다. 잘 될 거란 믿음과 자신감으로 시작했다. 하지만 세상일이 어디 뜻대로 되던가? 신용불량자가 될 뻔한 위기까지 겪었다. 그래도 그는 보드게임을 포기하지 않았고, 계속해서 보드게임 제작자의 길을 걸었다.

보드게임 제작자의 길은 그가 보드게임 업계에 발을 들여놓

★ 김기찬 대표

은 뒤 거쳐 온 과정에서 자연스럽게 선택한 길이었다. 창업하고 자신이 창업한 회사를 큰 보드게임 회사에 매각한 뒤 개발본부장 등으로 일하면서, 가장 안타깝게 느낀 것은 대부분의 보드게임이 외국에서 만들어진 것이라는 점이었다. 우리나라 개발자들의 보드게임을 만들고, 그것을 외국에도 알리고 싶었다. 그런데 보드게임 업계에서 10여 년을 일하다 보니, 국내는 물론 국외에도 네트워크가 생겼다. 이를 활용하면 우리나라의 개발자들을 해외로 진출시킬 수 있겠다는 판단이 섰다. 그래서 일종의 보드

★ 강의 중인 김기찬 대표

게임 컨설팅회사인 '만두게임즈'를 다시 창업했다.

그렇다면 보드게임 제작자는 구체적으로 뭘 하는 사람일까? 김 대표는 보드게임 제작자를 출판 편집자에 비교했다. 출판 편집자는 작가가 아이디어와 원고를 가지고 오면, 그것을 편집해 시장에 내놓는다. 팔리도록 상품을 구체화해서 만드는 것이다. 보드게임 제작자도 마찬가지다. 작가들이 자신이 만들고 싶은 보드게임을 가지고 오면, 그것을 바탕으로 프로토타입을 만든다. 이때, 시장에서 인기 있을 콘셉트를 제시하기도 하고, 룰을 수정하기도 한다. 보드게임이 시장에 팔리도록 프로듀싱을 하는 것이다. 그런 일은 아무나 할 수 없다. 보드게임 시장이 어떻게 돌아가는지, 소비자들은 어떤 보드게임을 원하는지 등 보드게임과 관련된 모든 것을 꿰뚫고 있어야 한다.

보드게임 제작자는 또 보드게임을 실제 제작하는 일도 맡는다. 무엇을 어디에서 어떻게 얼마를 주고 만들지 또 얼마에 팔지 등을 정하는 것이다. 최고의 퀄리티를 유지하면서, 제조 원가를 맞출 방법을 찾아야 한다.

이 과정에서 가장 어려운 건 콘셉트를 정하는 일이라고 한다. 흔한 것은 식상하고, 새로운 것은 낯설다. '흔하면서도 식상하지 않고, 새로우면서도 친근한 보드게임을 만들어내는 것', 김 대표는 그것이 보드게임 제작자가 할 일이라고 강조했다.

보드게임 전문가,
게임올로지 최정희 대표

최정희 대표는 보드게임 출판 및 유통 기업인 '게임올로지'의 대표다. 회사를 운영하면서 보드게임을 디자인하기도 하니 보드게임 디자이너로 소개해도 되겠다.

최 대표는 좋은 보드게임은 '쉽지만 어려운 게임'이란 철학을 갖고 있다. 쉽지만 어려운 게임이란, 누구나 쉽게 배워서 재밌게 즐길 수 있지만, 하면 할수록 어려워지는 게임이란다. 말만으로는 이해가 되지 않았는데, 최 대표가 다시 디자인해서 출시한 '뉴욕뉴욕'을 가지고 놀다 보니 이해가 갔다.

★ **최정희 대표**

뉴욕뉴욕은 뉴욕의 스카이라인을 완성하며 점수를 내는 게임이다. 2~4명이 즐길 수 있는 게임인데, 규칙이 아주 쉬웠다. 그런데 게임 인원이 늘어날수록, 어려워졌다. 쉽지만 어려운 게임이었다!

그런데 이 게임에 빠져들게 만드는 결정적인 요소가 디자인이었다. 뉴욕뉴욕은 70년대 나온 게임이라, 원래 버전의 디자인은 70년대 뉴욕 같았다. 그 버전으로 게임을 하니까, 왠지 무거운 느낌이 들었다. 9.11 테러로 사라진 쌍둥이 빌딩 때문인지, 회색 조의 색감 때문인지, 70년대 만들어진 디자인이라 올드하게 느껴져서인지, 그 이유는 정확히 알 수 없었다. 하지만 새로운 버전

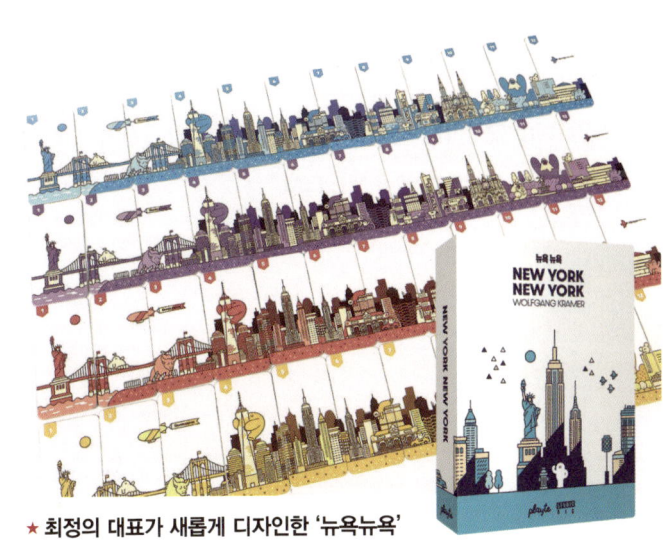

★ 최정의 대표가 새롭게 디자인한 '뉴욕뉴욕'

으로 할 때는 뭔가 가벼운 느낌으로 시작할 수 있었고, 그 느낌이 게임을 계속하게 하는 힘이 되었다. 손안에 딱 들어오는 크기와 전체 패키지 디자인도 한몫한다. 언제 어디서나 즐길 수 있을 것 같은 느낌을 준다.

최 대표가 왜, 보드게임 디자이너인지 알게 되는 순간이었다. 같은 게임이라도, 게이머의 생각과 태도마저 달라지게 만드는 것이 바로 게임의 디자인이다.

최 대표는 좋은 보드게임 디자인은 게이머가 직관적으로 보드게임을 이해할 수 있게 만들어야 한다고 했다. 게이머가 보드게임을 직관적으로 이해할 수 있으면, 그 게임은 '쉬운 게임'이 된다. 쉬우면 빠지기도 쉽다. 하지만 간단해 보이는 게임의 룰과 반전의 요소가 게임을 어렵게 만든다. 이 때문에 게이머는 보드게임에 더 빠져든다.

디자인으로 게이머를 사로잡고 이해시키는 일, 그 어려운 걸 해내야 하는 사람이 보드게임 디자이너다.

한국 대표 보드게임 작가, 김건희

김건희 작가는 김건희라는 이름보다 Gary Kim으로 더 유명하다. 우리나라보다 외국에서 더 인지도가 높다.

김 작가는 디자인을 전공하고 그 분야에서 일했지만, 보드게임 작가가 됐다. 어느 날 문득 '이렇게 사는 게 행복한가?' 하는 생각을 하게 됐고, 행복하게 살기 위해서 보드게임 작가가 됐다. 그리고 그는 우리나라는 물론 세계적으로 인정받는 보드게임 작가로 성장했다. '피겨그랑프리'(2010), '고려'(2013), '조선'(2014), '세븐킹덤'(2014), '토끼와 거북이'(2014), '아브라카왓'(2014) 등 다양한

★ 김건희 작가

★ 김건희 작가의 책 《나는 보드게임 작가다》

보드게임을 창작했다. 보드게임개발자 모임 등을 이끌면서 보드게임 작가의 저변 확대에도 기여하고 있고, 《나는 보드게임 작가다》라는 책을 통해, 보드게임이 어떻게 만들어지는지, 보드게임 작가에게 필요한 능력은 무엇인지, 보드게임을 출판하려면 어떻게 해야 하고 어떤 점을 주의해야 하는지 등, 보드게임의 작가를 꿈꾸는 이들과 자신이 가진 철학과 노하우를 세세하게 공유했다.

그는 보드게임 제작자가 갖춰야 할 핵심 역량이 '보드게임을 멋지게 만들어 잘 팔리도록 만드는 능력'이라면, 보드게임 작가에게는 '새로운 것을 개발하는 능력'이 있어야 한다고 꼽았다. 그런데 그 능력은 어디에서 나올까?

 김건희 작가는 초등학교 때부터 친구들과 보드게임을 하고 놀았다고 한다. 당시 보드게임은 제대로 된 게임 설명서도 없는 해적판이었는데, 김 작가는 게임 설명서도 없는 보드게임을 갖고 친구들과 놀았다. 친구들보다 먼저 게임을 살펴보면서, 게임을 구성하는 요소들과 디자인을 통해 '이렇게 하는 거겠지?'라고 생각하고, 자신이 생각한 방식으로 친구들에게 게임 방법을 알려 줬던 것이다.

 그런데 친구들이 기대했던 것보다 훨씬 더 재미있게 게임을 했다. 김 작가는 친구들을 재미있게 만드는 것이 너무 즐거웠다고 한다. 뭔가 만들고, 그것을 통해 다른 사람을 즐겁게 만드는 것이 좋아서, 또 다른 재밋거리를 만들어낸 것이다. 김 작가가 새로운 보드게임을 개발하는 힘은 바로, 누군가를 재미있게 만드는 데서 느끼는 즐거움에서 나오지 않나 싶다.

독일 대표 보드게임 작가,
마커스 니키쉬

마커스 니키쉬Markus Nikisch는 독일의 세계적인 어린이용 보드게임 개발사 '하바'에서 보드게임을 개발하고 있는 보드게임 작가다. 그는 하바에서 20년 이상 근무하면서 'Tatü-Tata!(소방차가 출동할 때 내는 독일 의성어)', 'Trüffel-Schnüffel' 등 수많은 보드게임을 개발했다. '생일케이크'와 같은 보드게임은 지난 15년 동안 전 세계에서 100만 개 이상 팔렸다.

교육학을 전공한 그는 공부와 게임이 다르지 않다고 생각한다. 놀이가 곧 배움이라는 것이다. 예를 들어, 우리는 규칙을 배워야 하는데, 선생님이나 어른에게뿐만 아니라, 보드게임과 같은 놀이를 통해 배울 수 있다는 것이다. 게임을 하려면 다른 사람의 차례가 끝날 때까지 기다려야 하고, 내 차례가 끝나면 다음 차례가 올 때까지 기다려야 하는 게임의 과정 자체가 배움을 준다는 것이다. 기다림이 쉽지 않은 아이들에게 게임은 학교에서 혹은 어른들을 통해 배우는 것보다 훨씬 재미있게 그리고 보다 주체적으로 참여하여 배울 기회를 제공한다는 것이, 그의 믿음이다.

또한 마커스는 아이들은 보드게임을 하고 노는 과정에서 친구와 부모·가족과 함께 나누는 즐거움, 게임의 승패를 통해 얻을 수 있는 기쁨과 슬픔 등과 같이 우리가 살아가면서 느낄 수 있는 모든 감정을 배울 수 있다고 강조한다. 더 나아가 독일 어린이들이 좋아하는 게임은 한국 어린이도 좋아한다고 했다. 피부색이 다르고 언어가 달라도 인간이 느끼는 보편적인 감정은 같다는 것이다. 그래서 마커스는 보드게임을 매직박스라고 말한다. 보드게임을 열고, 만지고, 만들다 보면, 모든 것을 배울 수 있고, 인간이 가지는 보편적인 감정까지 느낄 수 있는, 마법의 상자라는 것이다.

★ 보드게임을 하는 마커스 니키쉬 작가

그렇다면 마커스가 생각하는 어린이용 보드게임 작가는 어떤 사람일까? 이 질문에 그는 'Small World Creator'라고 대답했다. 작은 상자지만, 그 속에는 세상이 있다는 것이다. 그 세상은 아이들이 들어와 함께 놀고 만들어가는 세상이다. 어린이용 보드게임 작가는 그 세상을 창조하는 사람이다. 그래서 그는 특히 어린이용 보드게임 작가는 '재미있는 세상'을 만들어야 한다고 강조했다. 어린이가 만나는 세상이기 때문이다.

권말 부록

연령별 추천 보드게임 목록

추천연령	보드게임	인원(명)	시간(분)	게임 소개	인지	수과학	사회정서	신체조절	의사소통	나의환경	협동	제작유통사
2세부터	펭귄 가족 달리기	2~3	5~10	주사위를 굴려서 나온 수만큼 징검다리를 이동하여 생선을 획득하는 게임		●	●					하바 (나비타)
	낚시놀이	1~4	5~10	주사위의 색깔과 같은 색깔의 물고기를 낚아 5개의 장난감을 모으는 게임		●	●	●				
	곰돌이의 색깔과 모양	1~4	5	주사위 규칙에 따라 그림판의 빈 곳에 여러 가지 모양과 색깔의 그림 조각을 채워 넣는 게임	●	●						
	배고픈 곰	1~3	5	주사위의 음식과 같은 음식 타일을 찾아 음식 이름을 익힌 후 아기곰에게 먹여 주는 게임	●	●		●			●	
	으샤으샤, 장난감 정리	1~3	5~10	다양한 장난감 카드를 종류에 따라 분류하여 수납장에 정리하는 게임	●		●	●			●	
	목욕하는 바니	2~4	5	장난감의 위치를 기억하여 주사위와 같은 색깔의 장난감을 찾는 게임	●	●						
3세부터	유니콘 구름 레이싱	2~4	10	주사위 규칙에 따라 유니콘을 이동시키고, 크리스털을 모으는 게임	●	●						
	꽃 모으는 벨라	2~4	10	주사위 수만큼 길을 이동하여 도착한 칸과 같은 색깔의 꽃을 모으는 게임	●	●						

추천연령	보드게임	인원(명)	시간(분)	게임 소개	발달 영역							제작 유통사
					인지	수과학	사회정서	신체조절	의사소통	나의환경	협동	
3세부터	배고픈 아기새	2~4	10~15	주사위를 굴려서 아기새에게 필요한 먹이와 같은 먹이조각을 찾는 게임	●	●				●		하바 (나비타)
4세부터	양말 짝 맞추기	2~6	10	모양과 색깔이 같은 양말 5켤레를 찾아 모으는 게임	●	●		●				
	행운의 해적	2~4	10	주사위에 나온 숫자만큼 해적을 이동시켜 보물을 획득하는 게임	●	●						
	생일파티	1~4	5~10	코르크 공을 입으로 불어서 음식 위에 골인시키면 음식 카드를 획득하는 게임				●				
	퍼니버니	2~4	20	카드를 한 장 뒤집고 내용대로 토끼 말을 전진하여 언덕 꼭대기에 도착하는 게임		●						
	징고	2~6	20	자기 판에 같은 그림 타일이 나오면 해당 이름을 빠르게 부르고 타일을 가져와서 징고 판에 9개의 칸을 모두 덮는 게임	●							코리아 보드게임즈
	생쥐 만세	2~4	20~30	주사위를 굴려 나온 숫자만큼 이동하고 고양이를 피하며 가장 많은 치즈를 얻기 위해 도착지를 선택하는 게임		●						
5세부터	슈퍼 라이노	2~5	5~15	지붕 카드 규칙에 맞게 벽 카드를 세워 건물을 쌓아 올리는 게임	●			●				하바 (나비타)
	드래곤 다트	2~4	15	상대방이 굴린 구슬의 방향으로 목표물을 찾아내는 게임	●			●				

추천연령	보드게임	인원(명)	시간(분)	게임 소개	발달 영역							제작유통사
					인지	수과학	사회정서	신체조절	의사소통	나의환경	협동	
5세부터	신나는 생쥐 파티!	2~4	30	주사위를 굴려 음식 조각을 모으고 음식을 완성하여 고양이가 쫓아오지 못하도록 협력하는 게임			●		●		●	코리아보드게임즈
	뉴 흔들흔들 해적선	2~4	10	차례가 되면 배에 게임 말을 하나씩 올려서 게임 말이 배에서 떨어지지 않도록 하는 게임				●				
	폭탄 돌리기	2~12	15	폭탄이 터지기 전에 주제와 연관된 단어를 말하여 다른 사람에게 넘기는 게임					●	●		
6세부터	바이킹의 계곡	2~4	15~20	종이 방망이로 공을 굴려 나무토막을 넘어뜨린 후, 바이킹이 물에 빠지지 않도록 배치하여 금화를 획득하는 게임	●	●		●				하바(나비타)
	꼬치의 달인	2~4	15	베이컨, 치즈, 고기, 피망, 새우, 토마토를 막대에 순서대로 꽂아 꼬치를 만든다. 손님이 주문한 꼬치를 누구보다 빠르고 정확하게 만들어 서빙하는 플레이어가 승리하는 게임	●	●	●					만두게임즈
	야옹이가 돌돌	2~4	20	야옹이는 털실을 따라 가구와 가구 사이를 이리저리 뛰어다니며 장난감을 물어온다. 야옹이가 더 많은 장난감을 물어올 수 있도록, 털실을 가구와 가구 사이에 연결한다. 더 많은 장난감을 얻은 플레이어가 승리하는 게임	●	●		●				
	코코너츠	2~4	20	원숭이 발사대를 통해 코코넛을 던져서 6개의 바구니탑을 획득해야 하는 게임				●				코리아보드게임즈

추천연령	보드게임	인원(명)	시간(분)	게임 소개	발달 영역							제작 유통사
					인지	수과학	사회정서	신체조절	의사소통	나의환경	협동	
7세부터	라비린스	2~4	20~30	자기 보물 카드를 보고, 길 타일을 밀어서 미로를 움직이고, 말을 움직여서 길을 찾아가는 게임	●	●						코리아 보드 게임즈
	금고를 열어라	1~4	5	각자 역할을 정하고 음성에 따라서 도구를 가져오거나 버튼을 눌러서 지시를 따르면 금고가 열리는 게임					●		●	
8세부터	비밀코드 13+4	2~4	15	주사위에 나온 숫자를 계산하여 비밀 암호와 같은 숫자를 만드는 게임	●	●						하바 (나비타)
	10일간의 유럽 여행	2~4	30	10일간의 유럽 여행 계획을 세운다. 도보, 배, 비행기를 타고 이동할 수 있는 지역을 연결하여 완벽한 여행 계획을 세우는 플레이어가 승리하는 게임	●	●			●			만두 게임즈
	루시의 하루	1~2	60	호기심 많은 강아지 루시가 어떤 하루를 보낼지 플레이어의 선택에 따라 달라진다. 책을 읽을 때마다 새로운 이야기가 펼쳐지는 만화로 보는 게임 북	●	●	●		●		●	
	맨해튼	2~4	30	전 세계의 각 도시에 높은 빌딩이 올라가고 있다. 중요한 위치를 선점하여 빌딩을 세운다. 가장 높은 층을 소유하거나, 가장 많은 빌딩을 가진 플레이어가 승리하는 게임	●	●	●		●			

추천연령	보드게임	인원(명)	시간(분)	게임 소개	발달 영역							제작유통사
					인지	수과학	사회정서	신체조절	의사소통	나의환경	협동	
8세부터	셜록홈즈 베이커가 탐정단	1~4	90	플레이어들은 위대한 탐정 셜록 홈즈의 비밀 조직인 '베이커가 탐정단'의 일원이 된다. 셜록 홈즈가 플레이어에게 맡긴 4개의 사건을 해결해야 한다. 게임 북 이곳 저곳에 사건을 해결할 수 있는 힌트가 숨어 있다.	●	●	●		●		●	만두 게임즈
	스프링 랠리	3~5	20	태엽 자동차들이 경주를 펼친다. 자신의 태엽 자동차가 가장 빨리 두 바퀴를 완주하면 승리한다. 태엽을 잔뜩 감고, 적절한 순간에 태엽을 풀며 앞으로 전진해야 한다.	●	●			●			
	요리의 달인	3~5	20	예쁘게 사진이 나오는 요리, 달콤한 요리, 화끈하게 매운 요리! 각종 요리 도구들과 재료를 이용해 손님이 원하는 요리를 만든다. 원하지 않는 재료로 요리해야 할 때도 창의력을 발휘하여 새로운 요리를 만들어 본다.	●	●	●	●	●			
	캐치 스케치	3~6	20	내가 그린 그림을 보고 상대방이 정답을 맞히면 점수를 얻는다. 대신, 남들보다 빨리 그려야 점수를 얻을 수 있다. 너무 빨리 그리느라 대충 그리면 상대방이 정답을 맞히기 힘들고, 너무 느리게 그리면 다른 사람이 먼저 점수를 가져간다. 최대한 빠르게 특징만 쏙쏙 골라 그림을 그리는 플레이어가 승리하는 게임	●		●	●	●			

추천연령	보드게임	인원(명)	시간(분)	게임 소개	발달 영역							제작유통사
					인지	수과학	사회정서	신체조절	의사소통	나의환경	협동	
8세 부터	타코 캣 고트 치즈 피자	2~8	15	"타코, 캣, 고트, 치즈, 피자"를 순서대로 외치면서 카드를 펼친다. 외친 단어와 같은 그림이 나오면 테이블 가운데에 재빨리 손을 올려야 한다. 가장 마지막으로 손을 올린 플레이어는 지금까지 쌓인 카드를 모두 가져가야 한다. 자신의 카드를 가장 빨리 없앤 플레이어가 승리하는 게임	●	●		●				만두 게임즈
	페이퍼 사파리 (피카츄와 친구들)	2~4	20	귀여운 동물 종이 인형으로 사파리를 꾸민다. 동물 카드 6장의 숫자 합이 가장 작은 플레이어가 이긴다. 단, 아무리 숫자가 큰 동물이라도 위와 아래에 같은 동물 카드를 모으면 0이 된다.	●	●			●			
	포인트 샐러드	2~6	15~30	자신이 가져온 점수 카드의 조건에 맞게 필요한 채소 카드를 모은다. 채소를 효율적으로 모아 가장 높은 점수를 얻은 플레이어가 승리하는 게임	●	●						
	픽픽	3~5	20	독특하고 우스꽝스러운 사진들 속에서 다른 사람의 사진과 공통점을 찾아 사진을 고른다. 다른 사람과 비슷한 사진을 잘 고를수록 높은 점수를 얻을 수 있다. 더 많은 사람들의 공감을 얻으면 이기는 게임	●		●		●			

추천연령	보드게임	인원(명)	시간(분)	게임 소개	발달 영역							제작 유통사
					인지	수과학	사회정서	신체조절	의사소통	나의환경	협동	
8세부터	딕싯	3~8	30	이야기꾼이 카드를 내며 키워드를 제시하면 다른 플레이어들도 키워드에 맞는 카드를 내고, 이야기꾼이 낸 카드를 맞히는 공감 소통 게임			●		●			코리아 보드게임즈
	BBC EARTH: 신비한 동물 세계 퀴즈 게임	2~4	30	한국어로 더빙된 BBC EARTH 다큐멘터리 영상을 보면서 동물들에 대한 퀴즈를 푸는 게임		●				●		

보드게임의 쓸모

1쇄 1쇄 인쇄 2022년 11월 10일
1쇄 1쇄 발행 2022년 12월 12일

지은이_ 최미향·나비타놀이교육연구소
기획편집_ CASA LIBRO
디자인_ 행복한물고기Happyfish

펴낸곳_ 나비타월드
주소_ 서울특별시 강서구 양천로 34 양서빌딩 5층 (07602)
전화 02-2661-8856 팩스 02-2661-0522
전자우편_ info@nabita.com
출판등록_ 2010년 7월 21일(제409-25102010000039호)

ISBN 979-11-971905-0-6 13590

책값은 뒤표지에 있습니다. 잘못된 책은 구입하신 곳에서 교환해드립니다.